Elisabeth Kübler-Ross
Was können wir noch tun?

Elisabeth Kübler-Ross

Was können wir noch tun?

Antworten auf Fragen
nach Sterben und Tod

Kreuz Verlag Stuttgart · Berlin

*Gewidmet Manny, Kenneth und Barbara,
deren Liebe dieses Werk ermöglicht hat,
und in Dankbarkeit meinem Neffen Thomas Faust
für das Durchlesen der deutschen Übersetzung
zusammen mit meiner kleinen Tochter Barbara.*

Die Originalausgabe ist unter dem Titel
„Questions and Answers on Death and Dying"
im Verlag The Macmillan Company,
New York/Collier-Macmillan Ltd., London, erschienen
Die Übertragung aus dem Amerikanischen besorgte Ulla Leippe.
1. Auflage (1.–12. Tausend) 1974
Copyright (C) by Ross Medical Associates S. C.
Alle deutschsprachigen Rechte beim Kreuz Verlag Stuttgart
Gestaltung: Hans Hug
Gesamtherstellung: Druckerei Ernst Kieser KG, Augsburg
ISBN 3 7831 0443 2

Inhalt

Vorwort	7
Der sterbende Patient	9
Informierung des Kranken	10
Die Schwierigkeiten der Kommunikation	12
Nichtwahrhabenwollen als erster Versuch der Verteidigung	22
Warum gerade ich?	27
Verhandeln – Depression und Kummer folgen meistens	30
Das Ende des Lebens: von Hoffnung begleitete Zustimmung	37
Besondere Formen der Kommunikation	43
Selbstmord bei todbringender Krankheit	55
Plötzlicher Tod	63
Verlängerung des Lebens	75
Wo wird am besten für unsere sterbenden Patienten gesorgt?	88
Probleme der Hinterbliebenen	92
Die Beerdigung	98
Emotionale Probleme der Familie und des Pflegepersonals	101
Andere Probleme des Krankenhauspersonals	113
Altersprobleme	137
Humor und Angst, Glaube und Hoffnung	148
Persönliche Fragen	157
Sachregister	165

Vorwort

Seit dem Erscheinen meines ersten Buchs „Interviews mit Sterbenden" (amerikanische Ausgabe *On Death and Dying,* 1969) sind immer mehr Heil- und Pflegeberufe, aber auch Laien und Institutionen mit der Fürsorge für unrettbar Kranke und ihre Familien befaßt worden. In den vergangenen fünf Jahren habe ich an etwa siebenhundert Arbeitstagungen, Vorträgen, Seminaren zum Thema des sterbenden Patienten teilgenommen. Die Teilnehmer kamen aus allen nur denkbaren Gebieten der Gesundheitsfürsorge; es waren Ärzte, Geistliche, Schwestern, Sozialarbeiter, Atmungs- und Beschäftigungstherapeuten, Rehabilitationsfachleute, Krankenwagenfahrer, Beerdigungsunternehmer und Laien, die oft den Verlust eines geliebten Menschen erfahren hatten. Sie suchten Antwort auf Fragen, die sie mir stellten.
Dieses Buch ist der Versuch, einige der mir am häufigsten gestellten Fragen zu beantworten. Wo ich ihre Formulierung geändert habe, geschah es nur der Klarheit wegen.
Ein Buch dieses Umfangs kann niemals alles beantworten. Die am meisten vorgebrachten Fragen galten dem sterbenden Patienten, und deshalb befaßt sich auch der größte Teil meines Buchs mit Themen, die den Patienten unmittelbar betreffen. Eine zweite Themengruppe, die besonders häufig auftauchte, waren die Probleme des Pflegepersonals und der interdisziplinären Arbeitsgruppen. Besondere Fragen habe ich in kürzeren Kapiteln zusammengefaßt, um die Lektüre zu erleichtern.
Ich habe absichtlich Themen wie „Religion und Leben nach dem Tode" oder „Verlassenheit und Trauer" ausgeschlossen, nicht nur aus Platzmangel, sondern weil hier andere eher zu einer Antwort berufen sind.

Wie schon in „Interviews mit Sterbenden" beziehe ich mich fast ausschließlich auf den erwachsenen Patienten; Fragen und Antworten aus dem Umkreis des kindlichen Erlebens sollen in einem weiteren Buch, *On Children and Death,* behandelt werden.
Bei den immer häufigeren Veranstaltungen für die Weiterbildung des Krankenhauspersonals, den Seminaren für Medizinstudenten und andere Berufsgruppen des Gesundheitswesen, den Arbeitstagungen von Seelsorgern möchte mein Buch die Diskussion solcher Themen beleben, die wir bisher meistens umgangen haben, nicht etwa, weil sie uns nicht am Herzen liegen, sondern weil wir uns hilflos fühlen vor der Fülle von Fragen, die sich aus der letzten Krise des Menschen ergeben.

Der sterbende Patient

Der sterbende Patient muß viele Phasen durchmachen, um seine Krankheit und endlich seinen Tod zu begreifen. Er wird vielleicht eine Zeitlang die furchtbare Mitteilung beiseite schieben und in seiner Tätigkeit fortfahren, „als wenn er so gesund und kräftig wie vorher" wäre. Er wird aber vielleicht auch voller Verzweiflung einen Arzt nach dem anderen aufsuchen in der Hoffnung, daß die erste Diagnose falsch gewesen sei. Er möchte vielleicht seiner Familie die Wahrheit vorenthalten – oder seine Familie möchte ihn vor ihr bewahren.
Früher oder später muß er jedoch der furchtbaren Wirklichkeit ins Auge sehen, und oft reagiert er mit einem „Warum denn gerade ich!" darauf. Wenn wir es lernen, diesem erbitterten Patienten zu helfen, statt ihn zu kritisieren, wenn wir lernen, seine Angst nicht als Kränkung unserer eigenen Person zu verstehen, dann wird er fähig sein, in die dritte Phase einzutreten, die des Verhandelns. Er handelt vielleicht mit Gott um eine Verlängerung seines Lebens, er verspricht sich zu bessern und fromm zu werden, wenn ihm nur weitere Leiden erspart bleiben. Er möchte vorher „sein Haus in Ordnung bringen", die „noch nicht beendete Arbeit abschließen", bevor er sich endlich eingesteht: „Es ist soweit."
In der Phase der Depression trauert er um längst vergangene Verluste, dann beginnt er, sein Interesse an der Außenwelt zu verlieren. Seine Teilnahme an Menschen und Ereignissen nimmt ab, er möchte immer weniger Menschen um sich haben, schweigend durchlebt er den vorbereitenden Schmerz. Wenn man ihm gestattet, zu trauern, wenn sein Leben nicht künstlich verlängert wird und wenn seine Familie gelernt hat, sich zu fügen, wird er imstande sein, in Frieden und Einverständnis zu

sterben. (Beispiele dafür bietet mein Buch „Interviews mit Sterbenden".)
Die folgenden Fragen kamen von Patienten, Angehörigen, Ärzten, Schwestern und Pflegern; sie werden es dem Leser hoffentlich erleichtern, sich mit dem Patienten zu identifizieren und sich weniger unbehaglich zu fühlen, wenn er selbst vor ähnliche Situationen gestellt wird.

Informierung des Kranken

Wann ist für den behandelnden Arzt der Zeitpunkt gekommen, seinem unheilbar kranken Patienten die Diagnose mitzuteilen?

Sobald die Diagnose eindeutig feststeht, sollte der Patient erfahren, daß er ernstlich erkrankt ist. Aber es muß ihm auch sofort Hoffnung gemacht werden – damit meine ich, daß ihm alle verfügbaren Behandlungsmethoden in Aussicht gestellt werden. Wir warten dann meistens, bis der Patient nach weiteren Einzelheiten fragt. Will er etwas über die Heilmethoden wissen, würde ich ihm eine klare, aufrichtige Antwort geben. Ich sage ihm nicht, daß er sterben wird oder daß er unheilbar erkrankt ist, sondern erkläre ihm, er sei sehr schwer krank, aber wir würden versuchen, alles menschenmögliche zu tun, um ihm zu helfen, so lange wie möglich lebensfähig zu bleiben.

Wer hat die Aufgabe, den Patienten von seiner zum Tode führenden Krankheit zu unterrichten – der Arzt oder der Geistliche?

In erster Linie der Arzt, aber er kann seine Verantwortung einem anderen übertragen.

Sollte man jedem Patienten mitteilen, daß er sterben wird?

Keinem Patienten darf man sagen, daß er vor seinem Tode steht. Ich fordere niemanden auf, die Patienten zu zwingen, ihrem Tod ins Auge zu blicken, solange sie dazu noch nicht reif sind. Die Kranken müssen erfahren, daß sie ernstlich krank sind. Sind sie dann bereit, die Frage nach Tod und Sterben zu stellen, sollten wir ihnen antworten, sollten ihnen zuhören und ihre Fragen entgegennehmen, aber wir sollten nicht von uns aus an den Patienten mit der Mitteilung herantreten, daß er nun sterben muß. Wir dürfen ihm nicht den Hoffnungsschimmer nehmen, den er vielleicht braucht, um weiterzuleben, bis der Tod kommt.

Was kann man tun, wenn sich der Arzt weigert, den Patienten über seine zum Tode führende Krankheit aufzuklären? Schlagen Sie vor, daß ihn ein anderer Mensch informiert? Und wenn – wer soll es tun? Kann man es überhaupt ohne Genehmigung des Arztes tun?

Nein, ohne Erlaubnis des Arztes dürfen Sie ihn nicht informieren. Falls der Arzt nicht einen Geistlichen, eine Schwester oder einen Sozialarbeiter ausdrücklich beauftragt, es für ihn zu übernehmen, ist es unangebracht; es sei denn, Sie sind der nächste Angehörige des Kranken.

Wann beginnt der Patient zu sterben, und von wann an muß man die Beziehung zu ihm als die zu einem Sterbenden auffassen?

In unseren interdisziplinären Kursen über Tod und Sterben setzten unsere Beziehungen zum Patienten ein, wenn er mit einer potentiell tödlichen Erkrankung ins Krankenhaus kam. Ich glaube aber, daß solche Vorbereitung allgemein viel früher einsetzen sollte und daß wir unsere Kinder und Heranwachsenden lehren müssen, der Wirklichkeit des Todes ins Auge zu schauen. Dann müßten sie, wenn sie selbst krank sind und nur noch wenig Zeit haben, Begonnenes zum Abschluß zu bringen, nicht jede Phase durchleiden. Man erfährt eine neue Lebensqualität, wenn man der eigenen Sterblichkeit innegeworden ist.

Es bringt mich immer in große Verlegenheit, wenn ich weiß, daß ein Patient unheilbar krank ist, die Familie aber nichts davon weiß. Ich halte es für richtig, daß man weiß, wenn ein Angehöriger vor seinem Tode steht. Müssen wir uns darauf verlassen, daß der Arzt es der Familie mitteilt?

Ein Patient hat das Recht, zu erfahren, wie krank er ist, und ich meine, daß auch die Familie von der drohenden Gefahr unterrichtet werden sollte. Es ist die Aufgabe des Arztes, ihr die Mitteilung zu machen. Wenn er nicht dazu imstande ist, sollte der Patient oder sollte die Familie sich an andere helfende Institutionen wenden und um Auskunft bitten. Meistens wird es der Pastor, der Priester, der Rabbiner oder eine Schwester sein. Wenn andere Helfer unmittelbar von der Familie oder dem Kranken darauf angesprochen werden, sind sie verpflichtet, den Arzt davon zu unterrichten und ihn, falls nötig, zu bitten, ihnen diese Aufgabe zu übertragen.

Die Schwierigkeiten der Kommunikation

Schlagen Sie vor, daß der Arzt mit den Angehörigen außerhalb des Krankenzimmers spricht, also nicht neben dem Bett des Todkranken?

Ich versuche, meinen Medizinstudenten, Praktikanten und Assistenten beizubringen, daß Sterbende oft imstande sind, zu hören und zu begreifen, was im Zimmer vor sich geht. Da ich sehr dafür bin, mit Schwerkranken aufrichtig und offen zu reden, sehe ich keine Schwierigkeiten darin, in seiner Gegenwart mit der Familie Dinge zu besprechen, die der Kranke hören kann. Will ich allerdings etwas vorbringen, was er meiner Meinung nach lieber nicht hören soll, würde ich natürlich einen anderen Raum aufsuchen, am liebsten einen privaten Arbeitsraum.

Wie verhalten Sie sich, wenn sich eine Familie strikt weigert, „es" vor ihrem sterbenden Angehörigen zu erwähnen?

Ich versuche, mich allein zu dem Kranken zu setzen, denn dann wird er mir das anvertrauen, was er seiner eigenen Familie gegenüber nicht äußern kann. Wir müssen danach eine Weile mit der Familie allein zusammensitzen und ihr zu helfen versuchen, mit der Situation fertig zu werden, die der Kranke bereits begriffen hat.

Vor etwa zwei Jahren habe ich eine unheilbar Krebskranke gepflegt, die mir Fragen stellte wie: „Wie krank bin ich? Werde ich wieder gesund werden? Was fehlt mir eigentlich? Warum sagt mir niemand etwas?" Als ich dem behandelnden Arzt berichtete, worüber sich die Patientin Sorgen machte, regte er sich auf und fragte mich: „Was soll ich denn Ihrer Meinung nach tun? Soll ich ihr sagen, daß sie kurz vor dem Tod steht?" Er hatte dabei Tränen in den Augen. Wie würden Sie sich in solchem Fall verhalten?

Ich glaube, der Arzt war voller Mitgefühl, nahm Anteil an der Kranken und wurde gequält von dem Gedanken, daß sie nicht wieder gesunden konnte. Ich würde ihm in solchem Falle mein Mitgefühl ausdrücken, etwa sagen, daß es gewiß sehr schwer sei, solche Kranken zu behandeln. Dann würde ich ihn sehr vorsichtig fragen, ob es ihm recht sei, wenn ich der Kranken die Wahrheit mitteilte. Vielleicht würde er Ihnen erlauben, mit ihr zu sprechen, weil er offensichtlich zu erregt ist, um es selbst zu tun.

Sie haben uns erklärt, wie man über den Tod sprechen sollte, aber was würden Sie zum Beispiel antworten, wenn jemand wissen will, warum er stirbt? Was sagen Sie dann?

Ich sage ihm, daß ich keine Antwort weiß, und frage ihn: „Was meinen Sie eigentlich mit dieser Frage?" Dann wird mir der Kranke vielleicht erzählen, er habe sein Leben lang gearbeitet und sich jetzt zur Ruhe setzen wollen – warum muß ihm das gerade jetzt zustoßen? Vielleicht sagt er auch: „Meine Kinder sind noch sehr jung, noch nicht einmal in der Oberschule. Wenn mir Gott nur noch ein paar Jahre gönnen würde, damit ich sie heranwachsen sehe!" Wenn Sie dann bei ihm sitzen bleiben und ihm zuhören, wird es der Patient sein, der vor allem redet. Es wird ihm helfen, seine Empfindungen auszudrücken. Sie können nie mit einer vorbereiteten Erklärung in das Krankenzimmer kommen, sondern müssen das sagen, was Ihnen im Augenblick richtig erscheint. Und wenn Sie nicht wissen, was Sie überhaupt sagen könnten, geben Sie ihm das ruhig zu erkennen.

Wie gehen Sie mit einem Patienten um, der Ihnen von seinen schrecklichen Schmerzen berichtet und Ihnen seine Geschwülste zeigt?

Ich versuche zuerst, ihm mit einem Mittel zu helfen, damit er nicht über furchtbare Schmerzen zu klagen braucht. Wenn er mir die Geschwülste zeigt, bedeutet es, daß er demonstrieren möchte, wie sehr krank er ist oder wie sehr er leidet. Offensichtlich bemüht er sich um Mitgefühl, und ich versuche, es ihm zu geben.

Wenn Sie mit einem Ihnen nahestehenden Sterbenden sprechen, ist es dann richtig, ehrlich die Empfindungen von Angst, Verlust, Trennung zu zeigen, das heißt mit dem Theater aufzuhören?

Ja.

In welcher Phase bringt man am besten dem Patienten den Gedanken an den Tod nahe?

Erwähnen Sie niemals von sich aus solche Gedanken. Sie müssen warten, bis er selbst das Thema Tod und Sterben zur Sprache bringt. Wenn er von seinen Schmerzen redet, sprechen Sie mit ihm über seine Schmerzen. Wenn er Angst vor dem Tod ausdrückt, setzen Sie sich zu ihm, hören ihm zu und fragen ihn, was ihn besonders ängstigt. Wenn er Bestimmungen für seine Beerdigung treffen oder ein Testament aufsetzen möchte, obwohl sein Tod noch nicht unmittelbar bevorsteht, versuchen Sie nicht, ihm das auszureden, sondern helfen Sie einen Notar zu finden, damit er seine Dinge ordnen kann.

Ich mache mir Gedanken über Ärzte, die Fragen nicht offen beantworten können. Wenn ein Patient fragt, ob er Krebs habe, und der Arzt dann nicht nein sagen will, gibt es doch nur noch die andere Möglichkeit, zu erklären: „Ich weiß es noch nicht." Die Weigerung, die eine oder die andere Antwort zu geben, wird vom Patienten als stillschweigende Bejahung interpretiert werden, und wenn er keine Ahnung hat, wie sein Zustand medizinisch beurteilt werden muß, könnte er jetzt leicht vermuten, daß es sehr schlecht um ihn steht – und das wiederum könnte seinen Tod beschleunigen.

Ich glaube nicht, daß es seinen Tod beschleunigen würde. Es könnte ihm schlaflose Nächte, Sorgen und Unsicherheit bereiten, seine Angst vermehren, doch früher oder später wird er dem Arzt die Frage noch einmal deutlich stellen. Erhält er dann immer noch keine Antwort, wird er versuchen, sich mit Hilfe seiner Familie, eines Geistlichen, einer Schwester oder eines Sozialarbeiters über seinen Zustand zu unterrichten. Hoffentlich wird dann ein Freund oder jemand aus dem Krankenhaus seine Frage beantworten.

Mein Mann hat ein Emphysem und konnte in den letzten vier Jahren nicht mehr arbeiten. Er wird jetzt schwächer, ist aber noch nicht ans Haus gebunden. Wir haben beide unsere Hemmungen, sind in den Sechzigern, haben aber niemals über Tod und Sterben gesprochen. Sollten wir dieses Thema jetzt einmal anschneiden?

Die Tatsache, daß Sie zu dieser Arbeitstagung gekommen sind, zeigt ja, daß Sie sich Gedanken darüber machen. Sie möchten Ihrem Mann helfen und wissen nicht recht wie. Warum erzählen Sie ihm zu Hause nicht von diesem Gespräch hier? Wenn er dann das Thema wechselt, wissen Sie, daß es ihm unbehaglich ist und daß er nicht darüber sprechen möchte. Wenn er Ihnen aber Fragen stellt, sind Sie bereits mitten in einem Gespräch über Tod und Sterben. Dann können Sie ihn fragen, ob es irgend etwas gibt – etwa die Aufsetzung eines Testaments oder Ähnliches –, das für den Fall seines Todes jetzt leichter zu ordnen wäre.

Wie verhält man sich gegenüber einer Vierzehnjährigen, die immer behauptet, sie werde mit achtzehn sterben? Sie ist ernstlich krank.

Ich würde ihr zuhören und denken, daß sie vielleicht mehr weiß als wir.

Ich habe einen todkranken Patienten, dessen Frau vor kurzem eine Herzattacke erlitten hat, so daß man ihr die Wahrheit über die Krankheit ihres Mannes nicht mitteilen kann. Auf welche Art vermittelt man ihr am besten die notwendige Einsicht?

Ich glaube, daß eine Frau, die vor kurzem einen Herzanfall erlitten hat und weiß, daß ihr Mann krank ist und sie nicht besuchen kann, mehr Angst, Sorgen und Aufregungen durchmacht, wenn niemand sie über die Krankheit ihres Mannes aufklärt. Ich würde mich zu ihr setzen, ihr erzählen, daß ich von einem Besuch bei ihrem Mann komme, und so als Vermittler zwischen den Eheleuten wirken, die beide in der Klinik liegen. Ich weiß nicht, ob sie im selben Krankenhaus untergebracht worden sind; wenn es der Fall ist, sollte man sie zusammen in ein Zimmer legen, sobald die Frau die Intensivstation verlassen kann. Dann können sie miteinander sprechen und ihre Gedanken austauschen, weil sie merken, wieviel der andere ertragen kann.

Können Sie mir sagen, wo man mit seiner Hilfe ansetzen soll, falls Familie und Patient zusammen sind, aber die Familie die Hilfe dringender nötig hat?

Man hilft immer demjenigen, der die Hilfe am meisten braucht.

Wie nähert man sich einem Menschen, von dem man nichts weiß, außer daß er bald sterben wird?

Sie gehen in sein Zimmer und fragen ihn, ob er sich ein paar Minuten unterhalten möchte. Dann setzen Sie sich zu ihm und fragen, was er vor allem braucht, und: „Gibt es irgend etwas, was ich für Sie tun kann?" Manchmal bitten die Kranken nur, bei ihnen zu sitzen und ihre Hand zu halten; manchmal schicken sie den Besuch fort, weil sie allein sein möchten. Dann fragen Sie, ob es jemanden anders gibt, den Sie herholen könnten. Das ist es nämlich, was der Kranke sehr oft braucht – einen bestimmten Menschen. Wenn Sie ihm den herholen können, haben Sie dem Patienten geholfen. Manchmal, wenn ich gern etwas sagen möchte, den Kranken aber überhaupt nicht kenne, frage ich nur: „Ist es schlimm?" oder: „Möchten Sie darüber reden?" Und er wird Ihnen sofort erzählen, was ihn wirklich bekümmert.

Wie hilft man Eltern, den vorausschaubaren Tod ihres neunzehnjährigen Sohnes hinzunehmen und mit ihm darüber zu sprechen? Beide wissen, daß sein Tod unvermeidbar ist, können aber nicht darüber sprechen. Vater und Mutter glauben beide, daß sie auch mit dem Sohn nicht darüber reden können.

Manchmal braucht man einen Vermittler, und das könnten Sie sein. Sie könnten den Eltern sagen: „Wäre es nicht gut, wenn Sie einen Teil Ihrer Sorgen und Gefühle Ihrem Sohn gegenüber äußerten? Es wäre dann vielleicht einfacher für ihn, irgendeine zwischen Ihnen dreien noch schwebende Sache ins reine zu bringen." Wenn die Eltern nicht dazu imstande sind, drängen Sie nicht, sondern teilen Sie ihnen wenigstens etwas von Ihren klinischen Erfahrungen mit. Dann fühlen sie sich vielleicht ermutigt, freier darüber zu sprechen.

Wie geben Sie dem Patienten den Hinweis, daß Sie bereit sind, mit ihm über den Tod zu sprechen, falls er es wünscht?

Ich setze mich zu ihm und spreche über seine Krankheit, seine Schmerzen, seine Hoffnung, und nach kurzer Zeit unterhalten wir uns sehr oft schon über unsere Anschauungen von Leben und Tod. Ohne große Schwierigkeiten sind wir bereits mitten in wirklichkeitsbezogenen Themen. Manchmal kann man sich zu einem Patienten setzen und ihn fragen, ob er erzählen mag, wie es ist, so schwer krank zu sein. Der Kranke wird dann von dem Aufruhr der Gefühle sprechen, durch die er gegangen ist, und wird vielleicht hinzufügen: „Manchmal frage ich mich, ob es nicht besser für mich wäre, zu sterben." Das gibt Ihnen den Ansatzpunkt, über die Empfindungen, Vorstellungen, Ängste und Beklemmungen zu sprechen, die er im Zusammenhang mit Tod und Leben zu verarbeiten hat.

Ich bin Mitglied einer karitativen Organisation, aber manchmal, wenn ich ein Krankenzimmer betrete, sträubt sich etwas in mir. Sagen Sie mir bitte, wie ich trotzdem Kontakt zu Patienten finde. Sie haben uns erklärt: „Ich äußere meine Empfindungen." Dafür bin ich auch, aber kann man das tun, wenn sie so negativ sind? .

Es kommt manchmal vor, daß man sehr ärgerlich auf einen Patienten wird und am liebsten davongehen möchte. Mir macht es keine Schwierigkeiten, ihm zu sagen, daß sein Verhalten mich zuweilen reizt und ärgert, daß wir aber vielleicht darüber sprechen könnten, um Wege und Möglichkeiten zu finden, damit er sich nicht seiner Umgebung entfremdet. Wenn ich offen und aufrichtig über meine eigenen Reaktionen rede, hat der Patient nicht nur die Möglichkeit, seinen Zorn auszudrücken, sondern er weiß, daß ich ehrlich zu ihm bin, und er wird sich mir gegenüber freier und unbehinderter fühlen.

Wenn man auch lernt, wie man mit Patienten über Tod und Sterben redet – ist es immer ungefährlich, die eigenen innersten Gefühle dem Kranken mitzuteilen? Ich sage „ungefährlich", weil ich meine eigenen Empfindungen über Tod und Sterben noch nicht klar erfaßt und darüber noch nie mit anderen Menschen gesprochen habe, so daß ich nicht weiß, wie hilfreich meine eigenen Vorstellungen für den Patienten wären.

Es ist nicht immer ungefährlich, die eigenen Empfindungen auszusprechen. Wenn Sie in das Krankenzimmer kommen und Ihr erstes Gefühl ist „hoffentlich stirbt sie nicht in meiner Gegenwart", dann können Sie das natürlich nicht der Kranken sagen. Wenn Sie innerlich mit Unsicherheit und Hilflosigkeit auf den Patienten reagieren, ihm aber trotzdem gern helfen möchten, dann wäre es „ganz ungefährlich", ihm etwa zu sagen: „Ich bin mir nicht klar darüber, wie ich Ihnen helfen kann, obwohl ich es gern möchte. Gibt es irgend etwas Bestimmtes, was ich für Sie tun könnte, damit Sie sich wohler fühlen?" Sehr oft erzähle ich meinen Patienten, daß ich mich hilflos fühle oder daß mir die rechten Worte fehlen; dann setze ich mich zu ihnen und warte darauf, daß sie mir mit irgendeinem Hinweis helfen. Solche Patienten fühlen sich dann wohl bei mir, weil sie ihre eigenen zwiespältigen Empfindungen ausdrücken können, ihre Unsicherheit, oft auch ihre Hilflosigkeit. Zusammen versuchen wir, Lösungen zu finden.

Wie weit ist es möglich oder wünschenswert, mit einem Herzpatienten über die ernste Bedeutung seines Herzanfalls zu sprechen? Man möchte den Kranken ja nicht so erschrecken, daß er vielleicht einen zweiten und tödlichen Herzanfall erleidet.

Diese Angst, mit Herzpatienten über die Bedeutung ihrer Anfälle zu reden, ist *unser* Problem; es ist aber nicht realistisch. Ein Kranker weiß es sehr gut, daß er einen ernstzunehmenden Herzanfall erlitten hat. Er sollte über den Ernst seiner Lage informiert werden, damit er auf seine Diät, seine Übungen und die sonstige Nachbehandlung nach der Entlassung aus dem Krankenhaus achtet. Ein Patient ist verschreckter, ängstlicher und eher zum Widerstand geneigt, wenn Sie nicht aufrichtig zu ihm sind. Er würde vielleicht wieder zuviel essen, oder er könnte durch das ganze Erlebnis so verängstigt sein, daß er nicht wagt, auch nur seine Übungen durchzuführen; damit könnte er sich einem neuen Herzanfall aussetzen. Wir sprechen offen und frei mit unseren Herzpatienten. Wir sagen ihnen, wie schlimm der Anfall war, geben ihnen zugleich die nötigen Unterweisungen für die Einschränkungen ihrer Lebensweise und ermahnen sie, ihre Übungen zu machen, die ihnen zu einer besseren Prognose verhelfen.

Da Sie nichts davon halten, einem Patienten eine konkrete Frist – Monate oder Jahre – seiner Lebenserwartung zu nennen, halten Sie es nicht trotzdem für gut, ihm wenigstens Aussichten auf ein Überleben von etwa drei Monaten, einem Jahr, zwei oder fünf Jahren zu machen?

Wir haben festgestellt, daß es Kranken, denen man die genaue Zahl von Monaten für ihre Lebenserwartung genannt hat, nicht gut ging. Unsere Prognose ist nicht genau genug, als daß wir einem Kranken sagen können, wieviel Zeit ihm noch bleibt. Wenn wir ihm erklären, er habe noch sechs Monate zu leben, und er diese Zeitspanne dann überlebt, fühlt er sich oft hilflos und tief verwirrt, weil er ja eigentlich nicht mehr lebt und doch nicht imstande ist zu sterben. Ich halte es für ehrlicher, ihm zu erklären, daß wir nichts Genaues wissen, daß seine Aussichten im Augenblick nicht gut sind; wenn er dann nach einer bestimmten Frist fragt, sollte ihm der Arzt mit statistischen Feststellungen zu Hilfe kommen, um dem Patienten die Vorstellung zu vermitteln, wieviel Zeit ihm zur Ordnung seiner Angelegenheiten noch zur Verfügung stehen könnte.

Wie helfen Sie einem Patienten, ohne Schuldgefühle die mit seinem Tod zusammenhängenden Empfindungen zu äußern? Ich habe zum Beispiel viele Patienten gehabt, die erst weinten, es dann aber schwer hatten, die aufrichtige Beziehung fortzusetzen, obwohl ich versuchte, sie darin zu unterstützen.

Ich glaube nicht, daß sie die Beziehung zu Ihnen aufgegeben haben, weil sie ihren Kummer und ihre Gefühle zur Sprache gebracht haben. Wahrscheinlich waren sie nun imstande, die Phasen des Sterbens durchzustehen, haben ihren Zorn und ihre reaktive Depression überwunden und befinden sich jetzt in der Phase des vorbereitenden Schmerzes, in der sie beginnen, sich zu „entwöhnen", das heißt sich zu trennen, sich loszulösen von den bewußten oder unbewußten Bindungen des Gefühls an eine Idee, eine Sache, meistens an einen Menschen. Es liegt ihnen immer weniger an zwischenmenschlichen Beziehungen. Sie möchten Bekannte und Verwandte, die Kinder noch einmal sehen, dann aber nur die Beziehung zu einem oder zwei Menschen aufrechterhalten, meistens zu den engsten Verwandten.

Wie würden Sie das Thema Tod mit Menschen besprechen, die ständig der Möglichkeit des Todes gegenüberstehen, aber nicht schon dazu „verurteilt" sind, zum Beispiel mit Herzpatienten?

Viele Patienten stehen ständig vor der Möglichkeit ihres Todes; sie müssen ihre Endlichkeit begreifen. Dann sind sie imstande, eine ganz neue Qualität des Lebens zu erleben; sie wissen, daß der Tod jederzeit eintreten kann, hoffen aber, daß er sich noch Wochen oder Monate Zeit läßt. Man sollte solche Patienten nicht meiden, denn sie sind es ja, die so früh wie möglich die Wirklichkeit ihres eigenen Todes erkennen müssen.

Wie antwortet man als Professioneller einem Laien, wenn er sagt: „Sie sind dem Tode gegenüber kalt und gleichgültig."?

Ich würde in den Spiegel blicken und mich fragen, ob in der Behauptung nicht etwas Richtiges liegt. Fühle ich mich aber nicht kalt und gleichgültig gegen den Tod dieses Menschen und das Leid seiner Familie, würde ich den Vorwurf als einen Ausdruck des Zorns hinnehmen, den die Familie jetzt im Hinblick auf den erlittenen Verlust empfindet. Wenn eine Familie eine Phase der Auflehnung durchmacht, vor allem nach einem unerwarteten, plötzlichen Tod, richtet sich das oft gegen die Angehörigen des Krankenhauses. Wenn der Vorwurf ungerecht ist, nehmen Sie ihn einfach hin als Ausdruck ihres inneren Aufruhrs.

Welche Gefahr – wenn überhaupt eine – liegt in der zu starken gefühlsmäßigen Beteiligung an den Empfindungen todkranker Patienten?

Wenn Sie ein gutes Arbeitsteam hinter sich haben, das sich um Sie kümmert und dem gegenüber Sie Ihre Gefühle aussprechen können, liegt kaum eine Gefahr in zu großer Anteilnahme. Bei vollberuflicher Tätigkeit ausschließlich und allein mit sterbenden Patienten besteht die Gefahr, daß Sie zu sehr beteiligt und damit emotional und körperlich überbeansprucht werden. Niemand sollte ausschließlich mit Todkranken zu tun haben; das ist als voller Beruf nicht möglich.

Entwickelt man durch Erfahrung eine Intuition, die einem sagt: „Ja, jetzt spricht er von seinem Tod."? Irren Sie sich hier manchmal? „Kündigt" der Patient zuweilen seinen Tod vorzeitig an, oder weiß er intuitiv genau, wann er kommt?

Ich weiß nicht, ob es sich um Intuition handelt, die Ihnen sagt: „Ja, jetzt spricht er von seinem Tod." Ich glaube, wenn Sie auf die Patienten hören und ihnen zuhören, werden Sie merken, wann sie über ihren bevorstehenden Tod sprechen, und darauf eingehen. Natürlich irren wir uns alle einmal. Der Kranke macht sich manchmal Sorgen wegen seines bevorstehenden Todes, obwohl seine Prognose recht hoffnungsvoll ist. Man muß unterscheiden zwischen einer pathologischen Angst vor dem Tode, die bei jedem kleinsten Symptom auftritt, und einer „Botschaft" des Patienten, der todkrank ist und fühlt, daß seine Tage gezählt sind. Eher als von Intuition würde ich hier davon sprechen, daß Erfahrung und die Kunst des Zuhörens helfen werden, sich weniger oft zu irren.

Sollte man versuchen, den Patienten und seine Familie auf die gleiche Ebene zu bringen, das heißt in die gleiche „Phase" des Sterbens wie Zorn, Nichtwahrhabenwollen, Zustimmung?

Das ist eine Utopie, und ich glaube nicht, daß damit etwas gewonnen wäre. Auch hier projizieren wir wieder unsere eigenen Bedürfnisse, statt die Menschen dort zu bejahen, wo sie stehen, und für sie dazusein, wann immer und falls sie überhaupt bereit sind, in die nächste Phase einzutreten.

Wie verhalten Sie sich gegenüber dem sogenannten „Lazarus-Syndrom" – ich meine, wenn der auf den Tod gefaßte Patient sich zu erholen beginnt?

Ich würde mich mit ihm freuen.

Nichtwahrhabenwollen als erster Versuch der Verteidigung

Wie würden Sie mit einem Patienten verfahren, bei dem Krebs klinisch nachweisbar ist, der sich aber weigert, weitere diagnostische Maßnahmen vornehmen zu lassen, etwa eine Bronchoskopie, eine diagnostische Operation zur Feststellung eines vermuteten Lungenkrebses, eine Röntgenuntersuchung zur Feststellung, ob der Krebs operabel und/oder durch Strahlentherapie zu behandeln ist?

Ein Patient hat das Recht, eine Behandlung abzulehnen. Ich glaube, Sie sollten sich auf seinen Standpunkt stellen, sollten ihm sagen, was Sie vermuten, und ihm die Wahl lassen – es ist seine Sache, Ihr Angebot anzunehmen oder abzulehnen.

Woher kommt es, daß sich so viele Ärzte weigern, Patienten von ihrer todbringenden Erkrankung zu informieren? Ändert sich diese Einstellung allgemein?

Viele Ärzte fühlen sich unbehaglich, wenn sie ihren Patienten sagen müssen, daß ihre Krankheit zum Tode führt – doch hier ändert sich die Einstellung tatsächlich. Immer mehr Ärzte beginnen, das Problem besser zu beherrschen. Wir haben immer mehr medizinische Ausbildungsstätten, die auch die Fürsorge für den Sterbenden in ihren Lehrplan aufgenommen haben. Wenn die Medizinstudenten etwas Unterweisung erhalten, Vorlesungen und Arbeitsgruppen besuchen und Hilfe in ihren beruflichen Entwicklungsjahren finden, besteht Aussicht, daß es schon bald mehr Ärzte geben wird, die kein Unbehagen mit Todkranken zu überwinden haben.

Wie soll sich das Pflegepersonal zu einem Patienten verhalten, der mitten im Prozeß des Sterbens noch an der Phase des Nichtwahrhabenwollens festhält?

Sie gestatten dem Kranken natürlich, in dieser Phase zu bleiben, und behandeln ihn wie jeden anderen.

Ist es möglich, daß ein langsam Erblindender dieselben Phasen durchmacht wie ein Sterbender? Ich bemühe mich jetzt um eine Frau, die ihr Sehvermögen verliert, es aber nicht wahrhaben will. Welche Aufgabe habe ich als Fürsorgerin? Der Arzt hat ihr die Wahrheit noch nicht gesagt.

Hören Sie ihr zu. Die Patientin wird Ihnen ihre entsetzliche Angst vor dem Erblinden zu verstehen geben. Lassen Sie die Kranke reden. Erzählen Sie ihr von Blindenschrift und Tonbändern für Blinde, dem weißen Blindenstock, dem Blindenhund und all den Menschen, die trotz ihrer Blindheit ein durchaus normales Leben führen. Dann wird sie sich entspannen und imstande sein, mit Ihnen offen darüber zu reden, falls es dem Arzt zu peinlich ist, ihre Fragen zu beantworten. Verharmlosen Sie die Probleme nicht, aber betonen Sie, daß viele Blinde ein unabhängiges Leben führen können. Alle meine Patienten, die blind wurden, haben dieselben Phasen wie die sterbenden durchgemacht. Ich habe seit fünfzehn Jahren mit erblindenden Kranken gearbeitet und bin sehr beeindruckt durch die Tatsache, daß sie dieselben Phasen durchmachen müssen wie jeder, der im Begriff ist, etwas ungeheuer Wichtiges zu verlieren.

Müssen wir mit unserem Versuch zu helfen warten, bis ein Patient über seine Krankheit voll informiert worden ist? Wie können wir uns dem Kranken nähern, der offensichtlich nicht aus der Phase des Nichtwahrhabenwollens herauskommt?

Wir brauchen mit unserer Hilfe nicht zu warten, bis der Patient über das Wesen seiner Erkrankung aufgeklärt worden ist. Es gibt viele Möglichkeiten, ihm zu helfen. Wir müssen allerdings die symbolische Sprache verstehen, die Patienten in der Phase des Nichtwahrhabenwollens anwenden, wenn sie trotzdem tatsächlich von ihrem Tod sprechen. Wir können sie trösten, körperlich, geistig, gefühlsmäßig. Wir können uns zu ihnen setzen und einfach sagen: „Es ist sehr schwer, nicht?" Das öffnet sehr oft alle Schleusen, und der Patient wird Ihnen seine Angst, sein Unbehagen, seine Vorstellungen anvertrauen.

Ein Patient, der zwei Jahre zuvor an Krebs operiert worden ist, erhält den Rat, wegen bestimmter Symptome wieder in ein Krankenhaus zu gehen. Statt dessen verbringt er den Winter in Florida. Ist das Nichtwahrhabenwollen? Seine Frau ist einverstanden und reist mit ihm.

Ein Patient, der zwei Jahre vorher Krebs hatte und wegen ähnlicher Symptome ins Krankenhaus soll, fühlt wahrscheinlich, daß sich der Krebs wieder meldet. Wahrscheinlich weiß er auch, daß die vor ihm liegenden Monate, vielleicht das ganze Jahr, mit Krankenhausaufenthalt ausgefüllt und durch ständig nachlassende Kräfte gekennzeichnet sein werden. Vielleicht sagt er mit diesem Entschluß: „Wir wollen es uns noch einmal gut gehen lassen. Wir machen die Reise nach Florida, um wenigstens eine Erinnerung an die gemeinsame Zeit dort zu haben, denn es war ein Traum, den wir immer geträumt haben, uns bisher aber nicht erfüllen konnten." Nachdem er so das Versäumte nachgeholt hat, wird er wahrscheinlich in die Klinik zurückkehren und ein viel besserer Patient sein, als wenn er ständig sehnsüchtig dächte: „Wäre ich doch nur noch mit meiner Frau in Florida gewesen!" Auch hier ist es wieder sehr wichtig, solche Patienten wegen ihrer Haltung nicht zu verurteilen, weil sie unserem Streben nach sofortiger klinischer Behandlung nicht entsprechen; das muß nicht unbedingt ein „Nichtwahrhabenwollen" sein. Im Grunde sagt es nur aus, daß der Mann seine Wahl getroffen hat; so hat er nun gewählt, und das war sein Recht.

Wie verhält sich das Pflegepersonal zu Patienten, die bis zum Tode ausdrücklich ihren Zustand nicht wahrhaben wollen?

Man behandelt sie wie jeden anderen hilfsbedürftigen Menschen und denkt daran, daß manche Menschen ein solches Ableugnen brauchen und daß man es nicht künstlich zerstören darf – nur weil wir selbst möchten, daß sie diese Haltung aufgeben.

Ein Mann hat einen inoperablen Krebs, doch die Ärzte meinen, daß er wahrscheinlich noch ein Jahr lang ein fast normales Leben führen kann, bis die Auflösung beginnt. Seine Frau hat beschlossen, ihm nichts zu sagen, solange er sich in leidlich gutem Zustand befindet, ihn später aber zu informieren. Er würde dann immer noch Zeit genug haben, um „seine Angelegenheiten zu ordnen". Ist diese Einstellung richtig?

Sie kann manchmal richtig sein, wenn der Patient es nötig hat, seinen Zustand vor sich selbst zu leugnen, aber das ist die Ausnahme von der Regel. Den meisten Patienten geht es besser, wenn sie früh erfahren, daß sie ernstlich erkrankt sind, aber immer noch große Hoffnung haben dürfen. Patienten dieser Art kann man gewiß erklären, daß sie noch eine ganze Weile normal leben können. Falls der Patient den Arzt direkt fragt, ob seine Krankheit bösartig sei oder nicht, hat er das Recht, die Wahrheit zu hören, und wenn sie ihm vorenthalten wird, kann der betreffende Arzt unter Umständen später zur Rechenschaft gezogen werden.

Herr X., der zweiundzwanzig Jahre alt ist und Krebs hat, behauptet, auf wunderbare Weise geheilt worden zu sein. Doch alle Anzeichen sprechen dafür, daß die Krankheit weit fortgeschritten ist. Welche Rolle können wir hier spielen? Macht er nur der Familie wegen uns etwas vor und weiß er vielleicht im Grunde genau über seinen Zustand Bescheid?

Wenn ein junger Mann mit tödlichem Krebs behauptet, er sei auf wunderbare Weise geheilt worden, bedeutet es nach meiner Meinung, daß er an ein Wunder glauben möchte, obwohl er vom medizinischen Standpunkt aus für unrettbar gehalten werden muß. Ich würde mich zu ihm setzen und sagen: „Gewiß, manchmal gibt es Wunder." Dann würde ich eine Weile warten, ihn wieder besuchen und ihm damit die Gelegenheit geben, seine Gefühle über seine Krankheit mitzuteilen oder auch seinen Glauben, er sei geheilt. Es ist nicht Ihre Aufgabe, ob Sie nun ein beruflicher Helfer oder ein Familienangehöriger sind, seine Abwehr zu brechen. Sie haben die Aufgabe, dem Kranken zu helfen, und wenn er den Glauben an eine Heilung braucht, wäre es grausam und gegen alle ärztliche Einsicht, ihm zu sagen, daß es so etwas wie Wunder nicht gibt. Wenn Sie selbst auch nicht glauben, daß manchmal Wunder geschehen, können Sie ihn einfach bitten, Ihnen mehr darüber zu erzählen. Wer weiß, vielleicht wird er Sie sogar überzeugen. Wir haben in den letzten acht Jahren mehrmals bereits aufgegebene Patienten gehabt, die vom medizinischen Standpunkt aus nicht die geringste Aussicht auf Besserung hatten, jetzt aber, Jahre nach dem vorausgesagten Datum ihres Todes, noch am Leben sind.

Ich habe eine sterbende Patientin. Sie verhält sich, als wüßte sie nichts davon, oder sie will es nicht wahrhaben. Wie kann ich dieses Problem lösen? Wie kann ich es ihr leichter machen, und was kann ich dazu sagen?

Ich glaube, es ist wichtig, daß Sie der Patientin nichts „ausreden". Wenn sie Schmerzen zu haben scheint, fragen Sie, ob sie genügend Schmerzmittel bekommen hat. Ist sie ruhelos, setzen Sie sich zu ihr, halten ihre Hand und fragen einfach: „Was kann ich tun, damit Sie sich wohler fühlen?" Dann wird Ihnen die Kranke mitteilen, was sie braucht. Ich glaube, daß wir immer versuchen, ein merkwürdiges Ratespiel zu treiben, als wenn wir uns selbst vormachten, daß wir allwissende, allmächtige menschliche Wesen seien. Wenn Sie nicht wissen, wie Sie einer Patientin helfen sollen, fragen Sie einfach. Vielleicht möchte sie eine bestimmte Freundin bei sich haben, vielleicht auch einen Seelsorger. Es kann sein, daß sie noch etwas zu ordnen oder ein Testament aufzusetzen hat. Bittet sie um derartiges, dann erkennen Sie, daß sie um ihren Tod weiß.

Sie haben einmal geäußert, jeder Sterbende sollte einen Menschen haben, dem es kein Bedürfnis ist, den Tod zu leugnen. Gibt es solche Menschen überhaupt, oder hat einfach jeder seine eigene Weise, ihn zu leugnen?

Es gibt viele Menschen, die nicht die Wirklichkeit des Todes vor sich selbst verbergen. Doch dazu muß man sich in unserer den Tod verleugnenden Gesellschaft lange und mühsam hindurchringen. Wer aber einmal seine eigene Endlichkeit begriffen und hingenommen hat, erkennt, daß nun das Leben sinnvoller und wertvoller geworden ist. Solche Menschen, die ihre eigene Endlichkeit voll erfaßt haben, sind am besten dazu ausgerüstet, sterbenden Patienten zu helfen.

Warum gerade ich?

Können Sie noch ein paar Ratschläge geben, wie man einem Patienten antwortet, wenn er fragt: „Warum gerade ich?"

Ich sage dann wohl: „Ich weiß nicht, warum es gerade Sie trifft", aber man kann die Frage auch umgekehrt stellen: „Warum *nicht* Sie?" Da jeder einzelne von uns sterben muß, wird jeder von uns eines Tages vor dem Tod stehen. Im Grunde bedeutet die Frage des Patienten: „Warum jetzt?" Ich würde ihn diese Frage stellen lassen, damit er imstande ist, seinen Zorn und seine Ängste auszudrücken und alle Empfindungen von Elend und Sorgen auszusprechen. Das gibt Ihnen Hinweise, in welcher Richtung Sie ihm helfen können.

Ich bin ein todkranker Patient. Als ich von meinem Zustand erfuhr, wurde mir klar, daß mir meine Zukunft geraubt wurde. Ich war voller Zorn. Haben Sie schon ähnliche Empfindungen beobachtet?

Die meisten meiner Patienten reagieren auf diese Weise. Sie sind entsetzt. Sie sind zornig, daß man ihnen ihre Zukunft nimmt; doch nach und nach wird ihnen klar, daß sie heute noch leben und den nächsten Tag noch vor sich haben. Weil ihre Lebenszeit begrenzt ist, leben sie sehr oft intensiver, erkennen neue Werte und freuen sich des Heute, weil sie nicht immer nur für das Morgen und das nächste Jahr planen, wie es die Gesunden tun.

Ein Patient weint und berichtet, daß der Arzt ihm gerade erklärt habe, er müsse sterben. Als Medizinstudent frage ich, wie ich auf einen solchen Patienten eingehen soll.

Wenn Sie innerlich gelassen genug sind, sagen Sie ihm, daß niemand weiß, wann wir sterben werden, daß er zwar sehr krank sei, doch daß wir alles, was in unserer Macht steht, für ihn tun werden, um ihm noch eine Chance zu verschaffen.

Wenn ein Patient erfährt, daß er sterben wird, ohne daß man ihm auch nur einen Hoffnungsschimmer läßt, ist das sehr grausam; er gibt oft auf und verbringt seine letzten Tage oder Wochen voller Leiden.

Was kann der Helfende (die Schwester, der Arzt, die Fürsorgerin) machen, wenn er fürchtet, die eigenen heftigen Reaktionen wie Tränen oder Zorn nicht beherrschen zu können? Denn das ist oft der eigentliche Grund, sterbenden Patienten aus dem Weg zu gehen.

Jeder Helfer braucht ein „Heulzimmer", einen kleinen Raum neben dem Schwesternzimmer oder der Kapelle, jedenfalls ein Zimmer, in dem er weinen, schimpfen, seine Wut loswerden, sich mit einem Mitarbeiter zurückziehen und Bosheiten über all die Kollegen äußern kann, die ihn reizen oder hindern, sich mit einem Patienten zu befassen, der es nötig hätte. Wenn wir „Heulzimmer" hätten, könnte das Pflegepersonal seine eigenen Gefühle mitteilen und wäre dann viel eher fähig, sich bei der Arbeit auf der Station einigermaßen im Zaum zu halten. Das trifft vor allem auf diejenigen zu, die in einer Intensivstation beschäftigt sind: Man kann hier kaum acht oder neun Stunden Dienst tun, ohne sich einmal gehenzulassen.

Wie verhalten Sie sich gegenüber Zorn und Wut der Patienten? Wenn Sie zustimmen, kann das durchaus grausam sein – aber ebenso grausam, wenn Sie mit Ärger reagieren. Wie also?

Ein Patient, der ärgerlich und unfreundlich ist und seine ganze Unzufriedenheit und seinen Neid an Freunden, Angehörigen und Pflegenden ausläßt, kann für die Menschen, die für ihn sorgen müssen, zu einer Plage werden. Wenn Sie mit einem solchen Patienten zu tun haben, prüfen Sie, ob er einen berechtigten Grund zum Zorn hat. Wenn zum Beispiel die Verpflegung schlecht ist, erklären Sie dem dafür Verantwortlichen, daß sein Essen verbessert werden muß. Wenn er im Verlauf seiner Vorbereitung auf den Tod die Phase des Zorns durchmacht und fragt: „Warum ich?", dann versuchen Sie, ihm klarzumachen, daß Sie seinen Zorn und seinen Neid verstehen und daß Sie in seiner Lage ebenfalls zornig wären. Mit anderen Worten: Sie gießen noch Öl ins Feuer, damit er seine Qual aussprechen kann, ohne sich deshalb Vorwürfe machen zu müssen oder das Gefühl zu haben, daß Sie „über ihm" stehen und ihn kritisieren. Ein paar Sonder-Minuten für die besonders schwierigen Patienten können Wunder wirken. Sie verlangen nicht mehr so häufig nach der Schwester, die Familie ist zufriedener, die Patienten fühlen sich entspannter.

Wie helfen Sie einem jungen Paar, das von Panik erfüllt ist und von dem Bewußtsein, nicht mehr viel Zeit zu haben, weil einer der Partner an einer langsam fortschreitenden, chronischen neurologischen Erkrankung leidet? Sie wissen beide, daß ihnen in der kurzen Frist, die ihnen noch bleibt, nicht die Zeit gegeben ist, um alles das zusammen zu unternehmen, was sie gern zusammen erleben wollten.

Die Panik und das Gefühl, daß die Zeit nicht reicht, gehen vorüber. Sie werden bald entdecken, daß man das Zusammensein nicht nach Stunden, Wochen oder Monaten berechnen kann, sondern daß es auf die Tiefe der Zusammengehörigkeit ankommt. Sie hören vielleicht von anderen Paaren, wo ein Partner plötzlich starb, und wissen es dann zu würdigen, daß ihnen noch eine gemeinsame Frist beschieden ist, die sie voll nützen können.

Wie helfen Sie einem Menschen, der zornig auf Gott ist? Wir sind einfach entsetzt, es klingt fast wie ein persönlicher Angriff.

Ich würde ihm helfen, seinen Zorn gegen Gott auszudrücken, denn Gott ist gewiß groß genug, um es hinnehmen zu können.

Warum fluchen manche Patienten?

Todkranke Menschen sind in mancher Beziehung nicht anders als die Gesunden. Fluchen kann eine starke Waffe sein, mit unserer eigenen ohnmächtigen Wut fertigzuwerden.

Wie „helfen" Sie den Angehörigen, falls sie das Pflegepersonal beleidigen? Wir kennen ihren Zorn und ihre Ängste, aber sie selbst sind sich dessen nicht bewußt.

Die Tatsache, daß Sie das Wort „helfen" in Anführungsstriche setzen, zeigt schon, daß Ihre Einstellung zu diesen Leuten zwiespältig ist: Wollen Sie ihnen wirklich helfen oder sie nur zum Schweigen bringen? Wenn Sie lernen können, solche Beleidigungen und Kränkungen nicht persönlich zu nehmen, sondern dahinter die verwirrte, verängstigte Familie in ihrem inneren Aufruhr zu erkennen, sind Sie vielleicht fähig, ihnen dabei zu helfen, solche Gefühle auch auszusprechen. Damit würden die Angehörigen erträglicher für das Pflegepersonal werden. Es wäre sehr gut, wenn sich die Familie an einen Außenstehenden, am besten einen Seelsorger oder Fürsorger wenden würde, der nicht nur der Familie helfen kann, sondern mittelbar auch dem Pflegepersonal, das diese schwierige Zeit durchmachen muß.

Sie haben einmal zu einem Patienten – mit einem Blick auf die vielen Postkarten mit Genesungswünschen an der Wand – gesagt: „Ärgert es Sie nicht?" Offensichtlich war das richtig, doch haben Sie damit nicht eher Ihre eigene Reaktion ausgedrückt als das, was der Patient selbst empfand?

Ja, ich habe ihm meinen eigenen Abscheu und meinen Ärger mitgeteilt, weil die ganze Wand bedeckt war mit munteren Karten voller Genesungswünsche, die ihm jedermann schickte, obwohl man allgemein wußte, daß er sich im letzten Lebensstadium befand und keinerlei Aussicht auf Besserung hatte. Weil ich imstande war, ihm gegenüber meine Reaktion auszusprechen, „traf ich den Nagel auf den Kopf", und nun konnte er mir seine eigene Verärgerung mitteilen und fühlte sich danach offensichtlich erleichtert.

Verhandeln – Depression und Kummer folgen meistens

Wenn ein Patient in eine bereits durchlittene Phase des Sterbens zurückfällt, bedeutet es, daß die voraufgegangene Phase noch nicht bewältigt war?

Nein, ich hoffe, es Ihnen klarmachen zu können, daß die Patienten nicht unbedingt einem klassischen Muster von der

Phase des Nichtwahrhabenwollens über die des Zorns, des Verhandelns, der Depression bis zur Zustimmung folgen. Die meisten meiner Patienten zeigten nebeneinander mehrere Phasen, die außerdem durchaus nicht immer in derselben Reihenfolge eintraten. Trotzdem ist es wichtig, zu erkennen, daß dann, wenn der Patient aus einer echten Phase der Zustimmung wieder zurückfällt, die Ursache oft bei uns liegt: Wir haben dem Patienten nicht gestattet, den Dingen ihren Lauf zu lassen, haben vielleicht unnötige lebensverlängernde Prozeduren vorgenommen, an denen dem Patienten nichts mehr liegt; vielleicht hat er auch einen Angehörigen, der sich so an ihn klammert, daß der Kranke sich schuldig fühlt, weil er ihm wegstirbt. In dieser letzten Phase vor allem bedeutet ein Rückfallen, daß wir den Patienten nicht richtig behandelt haben. Für andere Phasen gilt das nicht.

Meine Schwester hat Krebs und ist in der Phase des Verhandelns. Sie spricht offen über den Krebs und über die Behandlung und lachend über „Sterben, wenn die Zeit da ist"; sie wünscht sich brennend, in zwei Jahren noch eine Reise machen zu können. Kann ein todkranker Mensch die eine oder andere Phase durchleben, ohne es denen, die ihm nahestehen und ihm lieb sind, zu zeigen?

Ihre Schwester ist offenbar imstande, gelassen darüber zu sprechen, und sie kann ihren Wunsch äußern, daß sie in zwei Jahren noch fähig sein wird, eine Reise zu machen. Sie ist offensichtlich in guter Stimmung, und ich glaube, Sie sollten dankbar sein, daß sie so offen darüber reden kann. Patienten können sich in der Phase des Verhandelns befinden, ohne daß ein anderer es merkt; ich würde es aber für schwierig halten, die Phasen echten Zorns oder der Depression zu verbergen.

Was würden Sie einem Patienten antworten, der krank, aber keineswegs unheilbar ist und trotzdem sagt: „Ich möchte heute nacht sterben."?

Ich würde ihm antworten, daß ich selbst auch solche Empfindungen kenne, aber wissen möchte, warum er jetzt so fühlt. Er wird daraus entnehmen, daß wir alle gelegentlich solche Gedanken haben. Ich möchte vor allem wissen, was ihn zu dieser Äußerung veranlaßt hat. Manchmal ahnen die Patienten, daß ihr Tod unmittelbar bevorsteht, und sie werden es uns mitteilen, wenn wir auf sie hören und ihnen nicht den Mund verbieten mit den Worten: „Ach, sagen Sie doch so etwas nicht!"

Ich befinde mich als Seelsorger in einer schwierigen Lage, weil ich einem Patienten helfen möchte, der ein katastrophal schweres Leiden hat, von dem wir alle annahmen, daß es zum Tode führt. Es gelang ihm, die Nähe des Todes in gewisser Weise zu akzeptieren, doch dann stellte sich heraus, daß er nicht an der Krankheit sterben, sondern zu schwerem Siechtum verurteilt sein wird.

Manchmal ist es leichter, dem Tod ins Auge zu sehen, als einem langen Leben mit schwerer Behinderung. Wenn es Ihrer Seelsorge gelungen ist, in diesem Patienten Zustimmung zu seinem unmittelbar bevorstehenden Tod zu wecken, werden Sie auch fähig sein, ihm zu helfen, eine längere Lebensdauer mit begrenzten Körperfunktionen zu ertragen. Alle unsere Patienten mit multipler Sklerose, Querschnittlähmung, Blindheit mußten diese Phasen durchleiden. Es ist oft schwieriger und erfordert mehr Geduld, mit solchen eingeschränkten Funktionen leben zu können, als den Tod zu erwarten, der immerhin alle Leiden beendet.

Wie verhält man sich zu einem Menschen, der nicht mehr leben möchte?

Die Frage ist zu allgemein gestellt. Es gibt Menschen, die sicherlich nicht mehr leben möchten, und ich kann es ihnen nachfühlen. Manche Kranke sind von Kopf bis Fuß gelähmt, andere leiden an Aphasie, daß heißt, daß sie kein Wort mehr sprechen, nicht mehr lesen oder schreiben können, die einfach im Bett liegen, den Besucher anstarren, voll bei Bewußtsein sind, durch einen Tubus ernährt werden und sich der Außenwelt nur durch Blicke mitteilen können. Ihre Art, den anderen anzublicken – vielleicht können sie auch noch lächeln oder weinen –, ist die einzige Möglichkeit des Kontakts mit der Außenwelt. Möchten Sie auf diese Weise leben? Ich habe Krebspatienten, die einen Monat nach dem anderen mit schrecklichen Schmerzen leben, unfähig, sich zu bewegen, weil sie Metastasen in den Knochen haben, die sich ohne Hilfe ihrer Angehörigen weder im Bett umdrehen noch essen noch sonstige Bedürfnisse erledigen können. Wenn sie sich in ein Krankenhaus bringen lassen, belasten sie sich zusätzlich mit ungeheuren Kosten*, die von der Familie kaum getragen werden können. Dabei ist der Ausgang der Krankheit ganz klar. Solche Patienten wünschen nicht, noch länger am Leben zu bleiben. Würden Sie so leben wollen? Ich meine, daß man jeden Patienten besonders beurteilen muß. Wenn der Kranke mit nachfühlbaren Gründen den Wunsch ausdrückt, bald zu sterben, macht es mir keine Mühe, diese Hoffnung mit ihm zu teilen.

Vor reichlich zwei Wochen gab man einem Patienten noch einen Tag Lebenszeit; der Arzt hatte alles nur mögliche für ihn getan und ihn nun aufgegeben. Doch der Kranke hat überlebt und scheint sich sogar zu erholen. Die Familie erwartete seinen Tod, fand aber nicht den Mut, sich darauf einzustellen. Sie leben von der Hoffnung. Der kranke Mann möchte seine Frau nicht sehen. Er behauptet, daß jeder ihn aufregt.

Ich würde wohl auch aus der Fassung geraten, wenn man mir mitteilte, ich hätte nur noch einen Tag zu leben. Keinem unserer Patienten würde es gut gehen, wenn man ihm eine bestimmte Zahl von Tagen oder Wochen für sein Weiterleben nennen würde. Es ist unverantwortlich, so mit Kranken umzugehen, denn wir wissen niemals, ob ein Patient nicht doch noch eine unerwartete Chance hat. Viele von ihnen haben viel länger gelebt, als wir es vom medizinischen Standpunkt aus erwarteten. Dieser Mann befindet sich doch in einem Zwischenzustand: Er ist nicht imstande, zu leben und sich darüber zu freuen, aber er ist auch nicht imstande zu sterben; er ist verstimmt, und jeder Mensch um ihn herum regt ihn auf, weil er das Gefühl hat, daß jeder herumsteht und auf seinen Tod wartet – der nicht eintritt. Ich glaube, jemand, der gelassen mit solchen Patienten sprechen könnte, sollte ihn besuchen, sich in seine Lage versetzen und ihm sagen, daß es eine törichte Be-

---

* Ein gesetzliches Krankenkassen-System wie in der Bundesrepublik gibt es in den USA nicht.

hauptung war, er habe nur einen Tag zu leben. Dann sollten sie ruhig beisammensitzen und darüber sprechen, wie man ihm nun, wo er sich etwas erholt hat, helfen könnte. Er sollte angeregt werden, die ihm noch verbleibende Zeit voll auszunutzen. Dann wird der Patient wahrscheinlich zuerst seinen Ärger und seinen Zorn ausdrücken, uns dann aber sicher sagen können, was er mit der verbleibenden Zeitspanne anfangen möchte.

Was soll man über psychisch Kranke sagen, die sich selbst fast als tot empfinden, als körperlich tot, fast ohne jede Hoffnung auf eine Zukunft, viel weniger auf eine sinnvolle Zukunft?

Es gibt viele Teil-Tode. Viele Patienten in psychiatrischen Anstalten, ältere Leute in Pflegeheimen vegetieren nur dahin, leben aber nicht wirklich. Das ist es, was ich als Teil-Tod ansehe, besonders dann, wenn die Zukunft nur finster ist, wenn es keine liebevolle Familie gibt, keine Aussicht, je wieder ein normales, tätiges Leben zu führen. An uns, den im Gesundheitsdienst Tätigen, ist es, diesen Patienten doch noch eine Chance zu verschaffen, damit sie wieder zu leben beginnen können und nicht ausschließlich auf den Tod warten, der sie von ihrem chronischen und langen und hoffnungslosen Leiden erlöst. Jeder Mensch kann anderen etwas geben oder mitteilen, wenn er nur die Möglichkeit dazu bekommt.

Patienten mit spinaler Lähmung, Hemiplegie, Amputationen beschreiben sich selbst oft als „halbtot" oder wünschen den Tod herbei. Kann man Ihre Vorschläge auf sie anwenden – und wenn, auf welche Weise? Was können wir zu ihrer Unterstützung tun, vor allem dann, wenn man nicht vorhersagen kann – wie es doch oft der Fall ist –, ob die Lähmung bleiben wird?

Die vielen Patienten, die eine Lähmung ertragen müssen, haben einen schrecklichen Verlust erlitten. Wir haben viele Vietnam-Verwundete mit Lähmungen gesehen, und viele von ihnen fragten, warum sie denn nicht sterben dürften. Diese jungen Männer bezeichneten sich oft als „halbtot". Die Reaktion ist nur zu verständlich, und es braucht viel Zeit, Geduld, Liebe und Ausdauer, um sie zu beraten und ihnen zu helfen, irgendeinen Sinn in ihrem Leiden zu finden. Wir müssen ihnen vor allem beweisen, daß auch ein Gelähmter noch ein sinnvolles Leben führen kann. Fast immer gehen solche Menschen durch alle Phasen von Entsetzen und Nichtwahrhabenwollen; sie können es nicht fassen, daß sie für alle Zeiten gelähmt bleiben werden. Wenn ihnen aufgeht, daß es kein Entrinnen gibt, werden sie zu sehr zornigen und schwierigen Patienten. Sie hadern vielleicht mit Gott; sie geraten oft für Monate in die Phase der Depression, und nur, wenn man ihnen wirklich gründlich hilft, werden sie fähig sein, ein Stadium zu erreichen, in dem sie ihr Schicksal hinnehmen.

Ich habe gerade mit einer Patientin zu tun, die siebenmal am Krebs operiert ist – unter anderem erhielt sie einen künstlichen Darmausgang – und jetzt wieder ins Krankenhaus eingewiesen wurde zu einer „palliativen" Strahlenbehandlung. Sie ist sehr niedergeschlagen und hat mich gefragt: „Wie würden Sie sich an meiner Stelle fühlen?" Was würden Sie darauf antworten?

Wahrscheinlich, daß ich in ihrem Falle auch sehr traurig wäre.

Die Phasen des Sterbens scheinen mit denen übereinzustimmen, die Patienten mit plötzlicher, schwerer Behinderung durchzumachen haben. Können Sie etwas darüber sagen?

Sie haben recht. Ein Verlust welcher Art auch immer ruft dieselben Anpassungsreaktionen hervor, die wir hier als die „Phasen des Sterbens" bezeichnen.

Geben die meisten Patienten den Kampf um ihr Leben auf, wenn sie erkennen, daß sie sterben?

Nein.

Wie verhalten Sie sich gegenüber einem Kranken, wenn er sagt: „Warum nun noch das? Ich muß auf jeden Fall sterben, und ich wünschte, ich wäre schon tot."

Viele Kranke möchten nicht zu Dingen getrieben werden, auf die sie nicht eingestellt sind. Wenn ein Patient sagt: „Ich muß sowieso sterben und wünschte nur, ich wäre schon tot", muß seine Lage neu bedacht werden. Vielleicht ist sein Leiden kaum zu ertragen; vielleicht sorgt sich niemand um ihn. Ein

Kranker, der körperlich, psychologisch und geistig Hilfe erhält, wird seine Krankheit meistens ertragen und fähig sein, aus der verzweifelten Stimmung, „ich wollte, ich wäre schon tot", herauszukommen. Wenn alle Hilfsmöglichkeiten eingesetzt worden sind und der Kranke immer noch so spricht, habe ich schon gesagt: „Ja, ich kann es verstehen."

Was antworten Sie jemanden, wenn er sagt: „Ich nütze niemandem. Warum lassen Sie mich nicht einfach sterben?"

Die Tatsache, daß er mir das sagt, beweist, daß er sich irrt. Denn wenn er mir mitteilt, was er durchmacht, hilft mir das, anderen todkranken Patienten ein besserer Arzt zu sein. Es macht mir keine Mühe, das dem Kranken zu erklären.

Was antworten Sie einem unheilbar Kranken, wenn er nicht aufstehen will, weil er ja doch sterben muß und meint, daß es keinen Sinn mehr hat?

Manchmal haben die Patienten recht mit ihrer Weigerung. Oft erwarten wir zuviel von den Schwerkranken. Ich habe viele sehr schwer erkrankte Kinder gesehen, die noch zur Schule gehen und Dinge tun mußten, die von den Erwachsenen für richtig gehalten wurden, obwohl das Kind im Grunde etwas ganz anderes brauchte: die Phase der Loslösung, wo es in Frieden gelassen wird. Man muß sehr genau unterscheiden zwischen dieser natürlichen Loslösung des sterbenden Patienten und einer pathologischen Depression, die den Patienten veranlaßt, alle Hoffnung zu früh aufzugeben, um nur „niemandem zur Last zu fallen". Bei sehr niedergeschlagenen Patienten, die auf alle Hoffnung verzichtet haben, hilft es, wenn man sie dieses Gefühl von Vergeblichkeit und Hoffnungslosigkeit aussprechen läßt. Doch wenn sich der Kranke in der Phase der Loslösung befindet, ist es unbedingt geboten, daß wir ihm gestatten, sich von allem zu lösen, seinen innersten Kraftquell zu finden und seinen Frieden zu machen.

Wie verhalten Sie sich, wenn ein sterbender Patient seine Sorge um einen geliebten Menschen ausspricht, der nach seinem Tode alleinstehen wird?

Ich würde seine Empfindungen mit ihm teilen und fragen, ob ich es den Zurückbleibenden irgendwie erleichtern kann. Ich würde feststellen, ob er sein Haus bestellt, ob er ein Testament geschrieben hat, ob es finanzielle oder andere Angelegenheiten gibt, die geordnet werden müssen, solange er selbst noch dazu imstande ist. Wenn die Familie hinter den Phasen seines Sterbeprozesses zurückbleibt, würde ich ihr Beratung zu verschaffen versuchen, damit ihr geholfen wird, der Wirklichkeit des bevorstehenden Todes ins Auge zu sehen.

Das Ende des Lebens: von Hoffnung begleitete Zustimmung

Haben wir eigentlich wirklich über Tod und Sterben oder über das Leben selbst und das Leben unmittelbar vor dem Tode gesprochen? Ich glaube, Nachdenken über den Unterschied wäre sehr lohnend.

Wenn ich über Tod und Sterben spreche und Ihnen weitergebe, was wir von unseren sterbenden Patienten gelernt haben, ist mir klar, daß es Lektionen für die Lebenden sind. Von unseren sterbenden Kranken lernen wir die wahren Werte des Lebens kennen, und wenn wir schon in jungen Jahren zu einem inneren Einverständnis mit unserer Endlichkeit finden können, führen wir ein sinnvolleres Leben, lernen die kleinen Dinge zu schätzen und neue Werte zu setzen.

Sollte man im Gespräch mit einem geliebten Sterbenden offen über die eigenen Empfindungen von Angst, Verlust, Trennungsschmerz sprechen? Können wir wirklich das Theaterspielen aufgeben?

Ja, wir können es. Als ich eine mir nahestehende sterbende Frau aufsuchte, sagte ich ihr, für den Fall, daß dies mein letzter Besuch bei ihr sei, solle sie doch wissen, daß ich sie schrecklich vermissen würde. Sie fuhr auf: „Das will ich doch hoffen!" Dann entschuldigte sie sich sofort, und ich fragte lachend, ob sie wirklich glaube, daß wir bei unserem letzten Zusammensein noch heucheln sollten, da wir doch längst gelernt hätten, offen miteinander zu reden. Dann umarmten wir uns herzlich und sprachen offen und frei heraus, wie es sein würde, wenn es sie nicht mehr gäbe. Als ich ging, meinte sie, es sei die beste Begegnung gewesen, die wir je miteinander hatten.

Ich habe eine Patientin mit unheilbarem Krebs. Ihr Ehemann wünscht: „Machen Sie es ihr nur möglichst leicht." Wir geben ihr Beruhigungsmittel, wenn sie unruhig ist, aber meistens dämmert sie nur dahin wegen ihrer Urämie. Offenbar hat sie visuelle Halluzinationen, in denen sie ihre Verstorbenen – Mutter, Schwester, den einzigen Sohn – sieht. Sie will nur schlafen und behauptet, am Dienstag werde sie sterben. Ich glaube, daß ich psychologisch im Bilde bin. Halten Sie es für möglich, daß sie etwas spürt, was wir nicht wissen?

Ich weiß nicht, ob sie etwas spürt, was Sie nicht wissen; denn Sie wissen ja auch, daß sie bald sterben wird, und ich vermute, daß es wirklich am Dienstag geschehen wird. Die Patienten wissen nicht nur, daß der Tod kommt, sondern können uns oft auch mitteilen, wann sie sterben werden, und meistens haben sie recht damit. Wenn sie sich bereits mit ihren verstorbenen Angehörigen, Mutter, Schwester und dem einzigen, vor ihr verstorbenen Sohn befaßt, ist es sehr wahrscheinlich, daß sie sich von allem losgelöst hat, von allen Verbindungen in dieser Welt, daß sie auf das Sterben vorbereitet ist.

Verkörpert sich im Patienten ein anderes Gefühl der Würde, wenn er sich resigniert in sein Schicksal fügt, als wenn er ihm zustimmt?

Patienten in der Phase der Zustimmung zeigen oft besonderen Gleichmut und Frieden. Über ihnen liegt eine besondere Würde. Doch die Kranken sind in der Phase der Resignation oft empört, voller Bitterkeit und Angst und sprechen Dinge aus wie „Was soll das denn alles!" oder „Ich bin es müde, weiter zu kämpfen". Darin liegen die Empfindungen von Vergeblichkeit, Nutzlosigkeit und fehlendem Frieden, die sich leicht von der Phase echter Zustimmung unterscheiden lassen.

Gehen Sie davon aus, daß es unwichtig ist, wie Sie den Sinn des Todes für sich selbst und andere interpretieren, solange Sie überhaupt eine Möglichkeit der Interpretation für sich selbst sehen, die Ihnen genügt?

Die Menschen sehen den Sinn des Sterbens sehr unterschiedlich. Wenn sie voller Frieden und beruhigt bei ihrem eigenen Verständnis des Todes sind, dann ist das nach meiner Meinung das Beste, was wir für sie erhoffen können.

Ich habe gehört, daß in den letzten Lebensminuten eines Sterbenden eine Bilanz seines Lebens vor ihm aufleuchtet. Haben Sie auch davon gehört?

Manche meiner sterbenden Patienten haben Erfahrungen ihrer Vergangenheit noch einmal erlebt. Ich glaube, es geschieht dann, wenn sich der Kranke allen äußeren Einflüssen verschlossen hat, wenn er also beginnt, sich loszulösen, sich in sich zu versenken, wenn er versucht, sich an ihm wichtige Erlebnisse und Personen zu erinnern, wenn er noch einmal seine Vergangenheit überdenkt und vielleicht versucht, den Inhalt des Lebens zusammenzufassen und einen Sinn darin zu erkennen. Wir haben gemerkt, daß es die kleinen, bedeutsamen Erinnerungen an Augenblicke mit geliebten Menschen sind, die dem Kranken in diesem äußersten Bereich seines Lebens am meisten helfen.

Bei dem Tod meiner Mutter vor kurzem habe ich wenig oder nichts von dem Loslösen gemerkt, das Sie in Ihrem Buch schildern. War ihr Abschied von uns so tief innerlich, daß ich ihn nicht erkannt habe?

Es ist möglich, daß die Loslösung so geheim vor sich ging; es ist aber auch denkbar, daß sie sich in einem Zustand von Frieden und Zustimmung befand und so gelassen war, daß sie kein allmähliches Loslösen brauchte.

Ich habe mich immer gefragt, woher ein Kranker weiß, daß sein Tod unmittelbar bevorsteht – etwa in einer halben Stunde. Haben Sie je von einem Patienten erfahren, was er in diesen letzten Augenblicken empfindet?

Viele unserer Patienten waren in der Lage, uns den Zeitpunkt ihres Sterbens genau anzugeben. Unzählige Kranke haben uns gebeten, ihre Angehörigen zu rufen oder auch eine Schwester, der sie danken wollten. So mancher Patient hat die

Schwester gebeten, ihn zu kämmen und mit einem frischen Hemd zu versorgen, damit er sauber und ordentlich sei. Dann bittet er, eine Weile alleingelassen zu werden – und wenn wir wiederkommen, lebt er nicht mehr. So äußert sich wohl das, was wir als psycho-physiologische Hinweise bezeichnen, die der Patient eben vor seinem Tode wahrnimmt.

Sie sagten, es sei nicht unsere Aufgabe, den Patienten von einer Phase in die andere zu führen, weil er das Nichtwahrhabenwollen vielleicht braucht; dennoch sprechen Sie über die letzte Phase, als sei sie ein Ziel – besonders deutlich bei dem Beispiel der Dame, die ihren Mann in die Wange kniff. Sie haben sehr nachdrücklich betont, daß eine wirksame Beratung sie dazu veranlassen konnte, vor dem Tode ihres Mannes dem Schicksal zuzustimmen. Erklären Sie uns bitte diesen Widerspruch.

Es könnte wie ein Widerspruch klingen, aber ich glaube, hier handelt es sich um unterschiedlichen Sprachgebrauch. Es wäre ideal, wenn der Sterbende und seine Familie gleichzeitig die Phase der Zustimmung erreichen könnten, bevor der Tod eintritt. In solchem Fall ist natürlich das Leid auch groß, aber es ist zu bewältigen. Doch wir haben nicht die Aufgabe, die Menschen von einer Phase in die andere zu schieben. Wenn ein Kranker mehr Zeit in einer Phase braucht, wenn er nicht die Absicht hat, seine Endlichkeit zu begreifen, wenn er es vorzieht, seinen Tod weiterhin nicht wahrhaben zu wollen, leisten wir ihm den besten Dienst, wenn wir ihm gestatten, in der Phase des Nichtwahrhabenwollens zu bleiben. Wenn der Kranke sein Leben lang aufbrausend war, ein Revolutionär und Kämpfer, ist es wahrscheinlich, daß er bis zum Augenblick seines Todes in der Phase des Zorns verharrt. Hat ein Patient eine depressive Natur, ist so mit Selbstmitleid erfüllt, daß er es bis an sein Ende bleibt, wird er kaum fröhlich und mit Lächeln oder Gleichmut den Tod hinnehmen. In solchen Fällen sollten wir den Patienten nicht veranlassen wollen, „sich so zu verhalten, wie es unseren eigenen Bedürfnissen entspricht". Wir sollten uns ihm zur Verfügung halten, sollten ihm helfen, weiterzugelangen, falls und wann er es wünscht; doch ohne zusätzliche Hilfe werden es manche Patienten dabei sehr schwer haben.

Wie viele Patienten – wenn überhaupt einen – haben Sie angetroffen, die die letzte Phase der Zustimmung erreichten, als Sie Ihre Gespräche mit ihnen führten? Und welchen Eindruck hatten Sie in diesem Augenblick von den Kranken?

Ich glaube, die meisten unserer Kranken würden die Phase der Zustimmung erreichen, wären da nicht die Angehörigen des Krankenhauspersonals, vor allem die Ärzte, die den Tod eines Patienten nicht hinnehmen können. Wenn wir als Ärzte das Bedürfnis haben, das Leben unnötig zu verlängern und den Tod hinauszuschieben, fällt der Kranke oft in die Phasen von Depression und Zorn zurück und ist nicht imstande, in Frieden und Zustimmung zu sterben. Das zweite und noch viel häufigere Problem liegt in der engeren Familie, die sich „anklammert" und „nicht aufgeben" kann. Es ist sehr schwierig für einen Mann, friedlich und gelassen zu sterben, wenn seine Frau nicht imstande ist, die Phase der Zustimmung zu erreichen. Wenn wir eine solche Verschwörung des Schweigens oder eine solche Diskrepanz der Phasen erkennen, müssen wir denen helfen, die „hinterherhinken", das heißt dem Arzt oder der Ehefrau, damit sie dem Geschehen seinen Lauf lassen. Damit helfen wir mittelbar auch dem sterbenden Patienten, in der Phase der Zustimmung zu bleiben oder sie zu erreichen.

Ist es nicht unvereinbar, auf der einen Seite dem Tod zuzustimmen und auf der anderen – medizinisch gesehen durchaus positiv – den Willen zum Leben zu stärken, den Willen, um das Leben und das Gesundwerden zu kämpfen?

Die Hinnahme des Todes ist das Realistischste, zu dem ein Mensch sich hindurchringen kann, denn jeder von uns muß früher oder später sterben. Wenn ein Patient die Realität seiner eigenen Endlichkeit begriffen hat, ist seine Möglichkeit größer, alle inneren Kräfte zu entwickeln, die dem Arzt und den übrigen ihn Behandelnden helfen, wenn sie um sein Leben kämpfen. Das eine schließt das andere nicht aus, im Gegenteil: Der Wille zum Leben, der Wert des Lebens steigern sich noch.

Meine Eltern sind beide über sechzig Jahre alt, und ihre guten Freunde scheinen jetzt alle zu sterben oder schon gestorben zu sein. Wenn ich zu Besuch komme, redet meine Mutter davon, daß sie nicht alt und schwach werden möchte. Von Geschenken, die man ihr macht, sagt sie, daß ich sie haben soll, wenn sie nicht mehr lebt. Ich weiß nicht, wie ich mit meinen Eltern über solche Themen reden soll.

Ich glaube, Sie sollten davon ausgehen, daß es nicht angenehm ist, alt zu werden und einen Freund oder Verwandten nach dem anderen zu verlieren. Es ist verständlich, daß viele Menschen in unserer Gesellschaft nicht gern alt werden möchten, weil sie keine große Familie haben, die für sie sorgt, wenn sie es nicht mehr selbst können. Es ist auch nicht angenehm, die letzten Lebensjahre in einem Pflegeheim zu verbringen. Sie können Ihrer Mutter Ihr Mitgefühl und Verständnis ausdrücken und versuchen, jetzt schon zu überlegen, was Sie unternehmen müssen, wenn sie sehr alt wird. Wenn Sie die Wünsche Ihrer Mutter jetzt erfahren, wo sie noch klar denken kann und wo der erhoffte Tod wohl noch fern ist, können Sie mit ihr so darüber sprechen, daß später alles viel einfacher sein wird.

Besondere Formen
der Kommunikation

Es ist verhältnismäßig einfach, sich um Patienten zu kümmern, die ihre Bedürfnisse, Wünsche und Gefühle mit Worten aussprechen können. Doch wir haben es mit einer wachsenden Zahl von an Beatmungsgeräte angeschlossenen Patienten zu tun, die nicht sprechen können. Da auch die Zahl der Alten immer mehr steigt, müssen wir mit viel mehr Kranken rechnen, die einen Schlaganfall zwar überleben, aber keine Zeile mehr schreiben und ihre Wünsche nicht mit Worten ausdrükken können. Solche Kranken brauchen unsere besondere Aufmerksamkeit. Wir dürfen nicht vergessen, daß sie oft imstande sind, zu hören oder eine Berührung wahrzunehmen, daß sie uns auch Hinweise oder Signale geben können, die wir empfangen und verstehen müssen, wenn wir eine sinnvolle und nicht nur mechanische Beziehung zu ihnen pflegen wollen.
Der Kranke kann uns seine Bedürfnisse auf viele Weisen zu verstehen geben. Sehr junge Patienten „sprechen" in einer *nicht-verbalen Symbolsprache* durch ihre Zeichnungen oder im Spiel. Wenn ein kleiner Kranker seine schwerkranken Zimmergenossen mit einer imaginären Pistole erschießt – während er verzweifelt darauf wartet, daß ihm die Niere eines Toten eingepflanzt werden kann –, drückt er damit vielleicht sein Verlangen aus, daß sich die Zimmergenossen mit dem Sterben beeilen, damit er eine Niere von ihnen erhält. Die Gruppe, die unsere Hilfe besonders nötig braucht – meistens größere Kinder, Heranwachsende, aber auch Erwachsene, die sich vor dem Sterben fürchten –, benutzt eine *verbale Symbolsprache*. Wenn ein Kind, allein im Zimmer und unter einem Sauerstoffzelt, die Pflegerin fragt: „Was geschieht, wenn ich hier unter dem Sauerstoffzelt liege und ein Feuer bricht aus?", dann

drückt es damit seine Hilflosigkeit und seine Angst vor dem Tode aus. Es ist unbedingt notwendig, das Krankenhauspersonal in dieser Art der Kommunikation auszubilden.

Das bewußte oder unbewußte Wahrnehmen der Vorgänge im eigenen Körper ist für den Patienten sehr wichtig. Ein Beispiel: Ein Mann, der anschließend bei der Operation an seinem Hirntumor starb, deutete beim Rorschach-Test die Formen wiederholt als schwelende, glühende Kohle und als Schnee; es war seine Symbolsprache.

Ich halte es für wichtig, daß wir die symbolische Sprache unserer schwer- oder todkranken oder behinderten Patienten kennenlernen, weil sie uns viel darüber aussagt, welche Vorstellung der Kranke mit dem Tod verbindet und was er von den Vorgängen in seinem Körper wahrnimmt. Das beste Beispiel bieten uns vielleicht die Zeichnungen von Kindern, die sie anfertigen, noch bevor sich Metastasen entwickeln; und wir müssen lernen, solche Zeichnungen zu lesen und zu interpretieren, um die Kommunikation mit ihnen aufrechterhalten zu können.

Wie behandeln Sie den Patienten, der dem Tode nahe ist, aber wegen eines Schlaganfalls nicht sprechen kann?

Ich versuche, trotzdem zu ihm zu sprechen und ihm Symbole oder Signale für „ja" und „nein" zu vermitteln. Wenn er schreiben kann, lasse ich ihn seine Antworten aufschreiben. Viele Leute lernen es, mit einem Bleistift im Mund zu schreiben oder ein „sprechendes Buch" – eine Langspielplatte oder ein Tonband – zu „lesen", wenn sie sich nicht mehr mit Worten äußern können. Alle diese Hilfsmittel sind bereits bei Kranken angewandt worden, die sich nicht mehr mit Worten ausdrücken konnten.

Wie stark ist die psychologische Wirkung der nicht-verbalen Symbolsprache auf den sterbenden Patienten? Wann wissen Sie, wie weit Sie die Angehörigen in die nicht-verbale Symbolsprache des Kranken einweihen sollen?

Wenn eine Familie bereit ist, die Mitteilungen des sterbenden Kranken zu verstehen, vor allem die symbolisch und wortlos geäußerten, widme ich den Angehörigen meine ganze

Kraft und Zeit, um sie zu lehren, die Äußerungen des Patienten zu „lesen" und die Kommunikation mit ihm beizubehalten.

Wie können Sie einem sprechunfähigen, sterbenden Patienten helfen? Wie wollen Sie wissen, was er fragt?

Wenn er schreiben kann, versuchen Sie, zu ihm zu sprechen, und geben Sie ihm Papier und Bleistift. Kann er nicht mehr schreiben, zeigen Sie ihm Symbole für „ja" und „nein". Versuchen Sie das durchzuführen, was wir als „monologen Dialog" bezeichnen. Sie werden erstaunt feststellen, wie ausführlich Sie sich mit diesem Patienten unterhalten können, wenn Sie sich die Zeit dazu nehmen, geduldig bleiben und nicht zu früh aufgeben. „Monologer Dialog" bedeutet, daß Sie die Fragen des Kranken vorwegnehmen und ihn bitten, mit Ja oder Nein zu antworten. Wenn er ein Zeichen gibt, daß er die von Ihnen für ihn formulierte Frage stellen möchte, beantworten Sie sie und gehen zur nächsten über, bis er Ihnen das Signal gibt, daß Sie nun alles beantwortet haben, was er wissen wollte.

Wenn man die Arten von Kommunikation, die Sie hier geschildert haben, nicht anwenden kann, was bleibt dann noch, um jemanden zum Sprechen zu veranlassen?

Manchmal ist eine verbale Sprache gar nicht nötig, manchmal genügen Anwesenheit und Mitgefühl. Man darf Menschen, die nicht zum Sprechen bereit sind, nicht im Stich lassen. Wenn Sie sich ruhig zu ihnen setzen und ihnen unverändert Ihre Fürsorge zuteil werden lassen, werden sie sich gelegentlich äußern, ohne daß Sie selbst ein Wort gesprochen haben, und werden Ihnen ihren inneren Aufruhr mitteilen.

Wie kann man die Symbolsprache eines Patienten und/oder seiner Familie rasch genug übersetzen, um entsprechend darauf zu reagieren?

Man übersetzt sie nicht immer rasch genug, doch wenn draußen vor dem Zimmer des Kranken, der im Sterben liegt, die Familie wartet, muß man zuweilen sehr rasch übersetzen, weil es eben kein Morgen mehr gibt. Das gilt auch für die Kranken, deren Angehörige nicht anwesend sind. In solchen Fällen versuche ich, rasch zu übersetzen, wobei ich sehr oft meiner Sache nicht sicher bin und mich sehr oft irre. Doch die Angehörigen und der Kranke wissen, daß ich es versucht habe, und werden versuchen, ihre Mitteilung anders zu formulieren.

Wie kann man für einen Kranken sorgen, der in der Intensivstation oder Kreislaufstation liegt und dessen Erkrankung ganz plötzlich und sehr heftig aufgetreten ist?

Dieser Patient ist vielleicht so schwer krank, daß er seiner Umgebung nicht viel mitzuteilen vermag; vielleicht hat man auch einen Luftröhrenschnitt gemacht, oder er ist an Instrumente aller Art angeschlossen, die zwar sein Leben retten, ihn aber sehr behindern. Es ist sehr wichtig, daß wir die Bedürfnisse dieser Patienten erkennen, die sie vielleicht nur mit Blicken mitteilen können, daß wir etwas mehr Zeit für sie haben, an ihrem Bett sitzen und versuchen, ihre Hinweise zu verstehen und zu beantworten.

Was tun Sie mit einem Patienten, der so viel Beruhigungsmittel erhalten hat, daß er nur halb bei Bewußtsein ist?

Ich versuche, die Dosis der Beruhigungsmittel herabzusetzen, damit er klare Augenblicke hat, in denen er mir seine Bedürfnisse mitteilen kann. Wenn man keinen Einfluß auf die Dosierung hat, dann sollte man den Patienten aufsuchen, kurz bevor er die nächste Dosis erhält, also zu einer Zeit, in der er ein wenig munterer ist.

Gibt es auch Patienten ohne jede Sprache? Einfach Opfer unserer Gesellschaft?

Ich glaube, es gibt viele stumme Patienten, die einfach auf das Sprechen verzichten, weil sie sich ganz in sich selbst zurückgezogen haben und so einsam und elend sind, daß sie es aufgegeben haben, nach Hilfe zu rufen. Bei uns lag eine Kranke wochenlang, offenbar nur halb bei Bewußtsein, allein in ihrem Zimmer. Jeder rechnete mit ihrem Tod. Niemand besuchte sie. Doch eines Tages ging einer unserer Musiktherapeuten einfach in ihr Zimmer, sang und begleitete sich dabei auf der Gitarre. Zu aller Verwunderung öffnete die Kranke plötzlich die Augen und begann zu singen. Als das Lied beendet war, fragte sie mit Tränen in den Augen: „Woher in aller Welt konnten Sie wissen, daß es mein Lieblingschoral ist?" Musik als eine Form der Sprache wird zu wenig beachtet, kann aber bei solchen Kranken oft sehr wirksam eingesetzt werden.

Wie verhalten Sie sich zu Patienten, die körperlich nicht mehr in der Lage sind zu sprechen? Können nicht-verbale Kommunikationen – wenn man einfach ihre Hand hält – genügen? Ich weiß, die Schwestern sind in Ordnung. Aber wie geht man mit ängstlichen Besuchern, Angehörigen und den Schwestern um, die sich strikt an die „Alle-zwei-Stunden"-Routine halten? Der bewußtlose Patient ist doch ein Mensch mit allen seinen Rechten. Wie stellen Sie eine Verbindung zu ihm her?

Ich glaube, wenn Sie einen Kranken haben, der körperlich nicht mehr zum Sprechen imstande ist, braucht er beides, nicht-verbale und verbale Kommunikation. Wenn er noch hören kann, sollten Sie zu ihm sprechen und sich ihm mit Worten verständlich machen, sie sollten ihn nicht behandeln, als hätte er auch die Fähigkeit des Hörens verloren. Wenn Besucher und Angehörige nervös und ängstlich sind, können Sie ihnen vielleicht durch Ihr eigenes Tun und Ihr Beispiel zeigen, wie einfach und lohnend Kommunikation solcher Art sein kann.

Wie teilt ein Patient mit einem Tubus in der Luftröhre, der also nicht sprechen kann, der Umgebung seine Angst vor dem Sterben mit, und wie kann man ihm helfen? Worauf sollten wir achten?

Ich rate, seine Augen zu beobachten. Wenn sie Angst und Schrecken ausdrücken, treten Sie zu ihm mit der Frage: „Haben Sie Angst?" Wenn er ein Zeichen mit den Augen gibt oder nickt, setzen Sie sich zu ihm und fragen: „Wovor haben Sie denn solche Angst, vor a, b, c, d?" Sie erwähnen also Einzelheiten, von denen Sie sich vorstellen können, daß sie den Kranken ängstigen. Wenn er bei einer bestimmten Sache Ihre Hände heftig drückt, reden Sie über dieses Thema und beruhigen ihn mit der Versicherung, daß jemand bei ihm bleiben wird, bis er imstande ist, seine Angst und seinen Schrecken zu überwinden. Zu den besten Beispielen dieser Art gehört der Bericht von Dr. Sharman in den Mitteilungen der *Menninger Foundation* vom Mai 1972. Hier beschreibt er, welche Angst ein Arzt als Patient empfand, weil er sich von einem Beatmungsgerät abhängig wußte. Ein anderer Arzt konnte ihm helfen, weil er einfach hereinkam und ihm sagte, er würde bei ihm bleiben.

Wie geht man mit einem alten Patienten um, der an Zerebralsklerose leidet, also senil ist und meistens die Vorgänge in seiner Umgebung nicht mehr richtig versteht?

Sie behandeln ihn wie ein Neugeborenes, füttern ihn, halten ihn trocken und warm, sorgen für seine Bequemlichkeit, berühren ihn und reden zu ihm wie zu einem Baby. Solche Kranke nehmen Wärme, Freundlichkeit und Zärtlichkeit auch dann wahr, wenn sie nicht mehr imstande sind, ihre Dankbarkeit auszusprechen.

Wie kann man mehr über nicht-verbale Symbolsprachen erfahren? Welche Quelle ist die beste?

Bisher ist nichts über die verbale oder nicht-verbale Symbolsprache Sterbender veröffentlicht worden. Mein Buch *On Children and Death,* das im nächsten Frühjahr bei Macmillan Publishing Co. erscheinen soll, wird viele Beispiele über die verbale und die nicht-verbale Symbolsprache bringen.

Ich bin mir nicht klar, was nicht-verbale Symbolsprache alles umfaßt. Gehört der Händedruck dazu oder die starre Haltung der Frau im Krankenhaus, die sich von den Blumen ihres Ehemannes umgeben glaubt?

Ja, jede Mitteilung, die nicht in Worten ausgedrückt wird, gehört zur nicht-verbalen Symbolsprache. Wenn ein Kranker, der nicht sprechen kann, ängstlich aussieht, handelt es sich um eine nicht-verbale Äußerung seiner Angst.

Was sollten wir mit todkranken, über lange Zeiten hinweg bewußtlosen Patienten tun?

Die Frage ist sehr schwierig. Ich weiß nicht, wie ich sie zufriedenstellend beantworten kann. Wir können Menschen nicht einfach umbringen; ich bin ganz und gar gegen Euthanasie. Ich glaube, wir müssen sie so gut wie nur möglich pflegen, ohne ihr Leben künstlich zu verlängern. Von der bloßen Aufrechterhaltung körperlicher Funktionen durch Maschinen aller Art halte ich gar nichts, doch ich glaube durchaus, daß ein bewußtloser Patient, der noch Aussicht auf Besserung hat, die allerbeste Behandlung der Welt erhalten sollte. Es ist sehr wichtig, zu berücksichtigen, daß auch komatöse Patienten sich oft ihrer Umgebung bewußt sind. Sie antworten auf die Berührung durch einen liebevollen Menschen, und später erzählen sie Ihnen zuweilen, daß sie hörten, was die Schwestern miteinander redeten, in der Annahme, daß der Patient „sowieso nichts hört".

Wie kann man wirksam auf einen Menschen eingehen, der offensichtlich Hilfe wünscht, mit dem Sie aber nicht reden können, weil Sie seine Sprache nicht verstehen?

Wenn der Kranke eine fremde Sprache spricht oder Schwierigkeiten hat, sich in der Landessprache auszudrücken, versuchen Sie, ob Sie nicht in der nächstgelegenen Universität einen Studenten finden, der die Sprache des Patienten versteht. Mit etwas Extra-Mühe ist es möglich, Studenten wenigstens zu gelegentlichen Besuchen bei dem Kranken zu veranlassen, damit er ihnen seine wichtigsten Bedürfnisse anvertrauen kann.

Stimmt es, daß der letzte unserer Sinne, der beim Sterben versagt, unser Gehör ist? Und wenn das zutrifft, sollte man dann, wenn man bei einem Sterbenden sitzt, ihm mit Worten versichern, daß man bei ihm bleibt? Ist das ein Trost, oder erzeugt es nur Ängste?

Sicher ist es ein starker Trost, wenn wir wissen, daß in der Stunde des Sterbens ein Mensch bei uns bleibt und unsere Hand hält. Der Besucher braucht nicht unaufhörlich zu reden.

Sagen Sie nur: „Hier ist deine Tochter. Kannst du mich hören?" Sie halten die Hand der Kranken und sagen ihr all das, was Sie vielleicht zu sagen versäumten, als sie noch gesund war.

Woher wissen Sie, ob ein halb oder völlig komatöser Patient in Frieden stirbt?

Ich weiß es nicht, falls ich ihn nicht gekannt habe, bevor er das Bewußtsein verlor.

Wenn ein Patient körperlich nicht mehr zum Sprechen imstande ist, aber offensichtlich etwas außerordentlich Wichtiges mitteilen möchte, wie würden Sie herausfinden, um was es sich handelt?

Wenn Sie den Patienten gut genug kennen, verbringen Sie vielleicht ein paar Stunden bei ihm, nennen die Dinge, die er meinen könnte, geben ihm Signale für „ja" oder „nein". Wenn Sie trotzdem nicht erkennen, was er meint, versuchen Sie einen Angehörigen zu finden, der den Kranken besser kennt und vielleicht herausfindet, was er wünscht.

Wie kann ich einer Patientin helfen, die sehr depressiv ist, sich weigert, jemanden von der Familie zu sehen, sich mit dem Pflegepersonal streitet und zu sterben wünscht? Wie kann man ihr nahekommen? Sie ist achtundsiebzig Jahre alt und leidet an der Parkinsonschen Krankheit. Daß sie nur eine fremde Sprache spricht, erschwert die Lage zusätzlich. Sie besitzt einen sehr starken Willen.

Eine verärgerte Patientin dieser Altersgruppe, die sich weigert, ihre Angehörigen zu sehen, würde mich wohl auf den Gedanken bringen, daß die Familie ihre Krankenhauseinweisung nicht richtig betrieben oder sie in ein Pflegeheim abgeschoben hat, ohne die Angelegenheit mit ihr zu besprechen. Versuchen Sie, jemanden zu finden, der ihre Sprache spricht, aber nicht mit ihr verwandt ist. Dann wird sie vielleicht imstande sein, über ihren Zorn zu sprechen und eine Freundin zu finden, mit der sie sich besser als mit den eigenen Angehörigen versteht. Im übrigen sollte man sich aber auch um die

Familie kümmern, damit sie die Entfremdung überwindet und nicht nach dem Tode der Kranken an Schuldgefühlen leidet.

Wie behandeln Sie einen Patienten, der dem Tode nahe ist und wegen eines Schlaganfalls nicht sprechen kann?

Sie setzen sich einfach zu ihm und halten seine Hand.

Ist es möglich, daß ein Mensch im Koma Anwesende im Raum wahrnimmt oder gar hört?

Ja, das kommt oft vor. Es hängt von der Tiefe der Bewußtlosigkeit ab.

Wie gehen Sie mit der Familie des Sterbenden um, wenn der Patient komatös ist?

Wir halten uns ihr zur Verfügung, beantworten ihre Fragen und sorgen dafür, daß nicht sämtliche Angehörige um sein Bett sitzen und auf seinen Tod warten. Es kann Tage, Wochen, manchmal Monate dauern, und wir müssen der Familie helfen, ihr Leben fortzusetzen; die jungen Leute sollen ihre Verabredungen treffen, auch ins Kino gehen, wenn es angebracht ist – kurzum, die Familie soll so leben, wie sie es bis dahin getan hat. Wenn Sie ihr nicht dazu verhelfen können, werden die Angehörigen überfordert und immer reizbarer werden und nach dem Tode ihres Kranken Hilfe brauchen, schon deshalb, weil sich in der körperlich und seelisch erschöpfenden langen Wartezeit Zorn, Schuldgefühle und Reizbarkeit angesammelt haben.

Wie würden Sie mit einem sehr kranken Patienten umgehen, der sich vor dem Sterben fürchtet, zugleich aber auch vor den Deformierungen, die ein Weiterleben mit sich bringen würde? Mit Deformierungen meine ich auch die Amputation von Gliedmaßen.

Versuchen Sie zuzuhören, wenn er über seine Besorgnis wegen der Deformierungen spricht. Vielleicht können Sie ihn aber auch mit anderen Patienten zusammenbringen, die amputiert wurden und noch imstande waren, weiterzuleben und erfolgreich tätig zu sein. Ich glaube, daß niemand heilsamer auf den Kranken einwirken kann als ein anderer Patient, der dasselbe tragische Schicksal erlitten und dennoch sein Leben gemeistert hat.

Wie kann ich am besten einer alleinstehenden Dreißigjährigen helfen, sich auszusprechen und ihre Gedanken über den Tod mitzuteilen, vorausgesetzt, daß sie dazu bereit ist? Sie spricht nur Deutsch (das ich auch spreche) und leidet an einer rechtsseitigen Lähmung und Schlingstörung.

Sie hat ja das Glück, eine Freundin zu besitzen, die ihre Sprache spricht. Wenn Sie selbst keine Scheu davor haben, sollten Sie eigentlich imstande sein, sich mit ihr über dieses Thema auszusprechen, falls sie Ihnen irgendeinen Hinweis gibt, daß sie es möchte.

Brauchen Sie bei der Kommunikation mit einem sterbenden Patienten dieselbe Art von Sprache, die er anwendet? Wenn er sich zum Beispiel nur symbolisch ausdrückt, tun Sie es dann auch, oder übersetzen Sie es in das normale Englisch?

Ich verwende sehr oft dieselbe Sprache, die der Patient anwendet, und nur, wenn ich merke, daß er bereit wäre, sich in normalem Englisch auszudrücken, wechsle ich gelegentlich dazu über, doch wenn er nicht darauf eingeht, kehre ich zur Symbolsprache zurück.

Wie lernt man es, das verbal oder nicht-verbal, jedenfalls aber symbolisch Geäußerte zu verstehen? Wie werden wir zu besseren Zuhörern, wie lernen wir, „zwischen den Zeilen" zu lesen?

Man lernt es mit der Zeit, mit Geduld und einigen „Lehrmeistern", die Ihnen erlauben, sie zu begleiten, mit ihnen am Krankenbett zu sitzen und zu beobachten, was andere, vielleicht mehr erfahrene Leute in dieser Hinsicht tun.

Woher wissen Sie, wann es ratsam ist, die Symbolsprache des Kranken aufzunehmen, statt das Gespräch in normalem Englisch weiterzuführen?

Wenn ein Patient eine nicht-verbale Symbolsprache verwendet statt normales Englisch, bedeutet es meistens, daß er noch nicht bereit ist, sich mit Worten und in englischer Sprache zu äußern. Wenn ich merke, was er mir zu verstehen geben will, wende ich oft die Technik an, laut mit mir selbst oder zu einer dritten Person zu reden: „Ich frage mich, ob er jetzt über seine letzten Stunden spricht." Vielleicht sagt der Patient: „Ja, das ist es, wovon ich spreche. Meine Tage sind wohl gezählt." Dann fährt er in normalem Englisch fort. Geht er aber nicht auf meinen Versuch ein, bleibe ich bei seiner eigenen Symbolsprache.

Wie verschaffen Sie sich die Gewißheit, daß der Patient sich tatsächlich symbolisch äußert und daß Ihre Interpretationen nicht nur Ihren eigenen Erwartungen entsprechen?

Wenn ich mich in einer Kommunikation mit dem Patienten befinde und er positiv darauf reagiert, vermute ich, daß ich ihn richtig verstehe. Um dafür zu sorgen, daß wir in unserer Arbeit nicht etwa nur unsere eigenen Bedürfnisse spiegeln oder sie zu stillen versuchen, haben wir ein gutes interdisziplinäres Team, in dem jeder ein Auge auf den anderen hat. Und wenn sich jemand innerlich zu sehr festlegt oder nicht mehr wirklich therapeutisch vorgeht, sind wir offen und aufrichtig genug, um einander zu korrigieren.

Welche Verständigung ist mit einer Patientin möglich, die einen Schlaganfall gehabt hat, sehr krank ist und doch ihre Angst vor dem Sterben nicht mit Worten ausdrücken kann?

Ich würde mich zu ihr setzen, ihr über das Haar streichen und einfach sagen: „Es ist sehr schwer, nicht?" Aus ihrem Blick oder einem festeren Händedruck können Sie erkennen, ob sie erschrocken oder ganz gelassen ist. Sie hat sich Ihnen damit nicht-verbal mitgeteilt, und Sie können daraufhin mit Worten zu ihr sprechen.

Wie übersetzen Sie die Symbolsprache eines Patienten und/oder seiner Angehörigen rasch genug, um angemessen zu reagieren? Erwähnen sie manche Dinge öfter als andere?

Das ist fast ausschließlich eine Sache der Erfahrung. Wir machen immer noch viele Fehler und sind oft nicht fähig, richtig zu interpretieren; doch ich glaube ernstlich, daß es besser ist, den Versuch zu machen und sich dabei zu irren, als es überhaupt nicht erst zu versuchen.

Wie können Sie wissen, ob Ihre Beobachtungen der nicht-verbalen Kommunikation richtig sind, wenn Sie die Patienten nicht veranlassen, ihren Empfindungen Ausdruck zu geben?

Ich glaube, wenn ein Kranker im günstigen Sinne, also positiv, reagiert, darf man die eigenen Beobachtungen für zutreffend halten. Man treibt Patienten nicht an, wenn sie keine Empfindungen äußern möchten – sie sind es, die von sich aus verbal oder nicht-verbal zu verstehen geben, ob sie sich mitteilen möchten.

Selbstmord
bei todbringender Krankheit

Viele Ärzte haben große Bedenken, ihre Patienten über den Ernst ihrer Erkrankung zu informieren, weil sie fürchten, der Kranke könnte an Selbstmord denken, wenn er die Wahrheit erfährt. Wir können diese Vermutung aber nicht bestätigen: Patienten, denen man behutsam erklärt, daß sie schwerkrank sind, denen man aber gleichzeitig Hoffnung läßt, sind imstande, die schlimme Nachricht mit mehr Fassung hinzunehmen, als wir ihnen allgemein zutrauen.
Patienten, die an Selbstmord denken, gehören zu verschiedenen Gruppen:
Da sind erstens diejenigen, die immer ein starkes Bedürfnis gehabt haben, alle und alles zu beherrschen;
dann Patienten, denen man gefühllos mitteilt, daß sie eine bösartige Krankheit haben – mit dem Zusatz: „Wir können nichts mehr für Sie tun, weil Sie zu spät kommen";
drittens die Patienten, die an eine künstliche Niere angeschlossen sind und/oder auf eine Organtransplantation warten und denen man zuviel Hoffnung mit einer unrealistischen Prognose gemacht hat; sie neigen dazu, plötzlich aufzugeben, und sterben den von uns so genannten „passiven Selbstmord";
viertens Patienten, die unbeachtet, vereinsamt und verlassen sind und nicht die ausreichende medizinische, seelische oder geistliche Hilfe in ihrer Krise erhalten.
Eine weitere Gruppe von Todkranken, die zum Selbstmord neigen, sind Leute, die nicht im konventionellen Sinn religiös sind, sondern ihre Endlichkeit hinnehmen und lieber den Prozeß des Sterbens abkürzen, als noch Wochen oder Monate in einem Zustand hinzubringen, den sie als nutzloses Leiden ansehen.

Gibt es Menschen, die besonders durch Selbstmord gefährdet sind, wenn sie die Realität des Todes erkennen?

Ja, es gibt Menschen, die stets so leben, als ob es immer noch ein Morgen gäbe, die niemals eine wirkliche Tragik oder einen Verlust erfahren und niemals über ihren Tod nachgedacht haben. Wenn solche Patienten plötzlich in eine Katastrophe geraten, die ihr ganzes Dasein gefährdet, verfallen sie manchmal in eine düstere, tiefe Depression, oder sie suchen auch Zuflucht in einem hartnäckigen Nichtwahrhabenwollen, das Behandlung, Erörterung und Prognose außerordentlich erschwert. Manche Patienten, die ihr Leben lang beherrschend auftraten und nun einer todbringenden Erkrankung ausgesetzt sind, erkennen, daß sie nicht mehr die Bestimmenden sind. Ein Weg, die Dinge selbst in die Hand zu nehmen, ist dann der Gedanke an den Selbstmord. Es gibt aber ein paar „Techniken", die hier außerordentlich hilfreich sein können: Jede Prozedur, die von einer Schwester oder einem Arzt vorgenommen werden muß, sollte rechtzeitig vorher mit dem Kranken besprochen werden; er selbst muß bestimmen dürfen, ob er sie abends oder lieber morgens getan haben möchte. Auf diese Weise kann er eine Wahl treffen und beherrscht doch mindestens den Zeitplan in gewissem Maße. Seine Familie sollte vorher anfragen, ob ihm ein bestimmter Besucher zu dieser oder jener Zeit willkommen sei oder ob er den Besuch hinausschieben möchte. Auch das gibt ihm das Gefühl, daß er selbst bestimmen kann, wann er besucht wird. Oft erholen sich die Kranken sehr rasch nach solchen kleinen Manipulationen, die von der Umgebung bewußt vorgenommen werden, damit er merkt, daß er immer noch ein wichtiger Mensch ist. Er sollte überhaupt so viele Entscheidungen treffen dürfen, wie es irgend möglich ist.

In den seltenen Fällen, in denen sich Krebskranke wirklich das Leben nehmen, geschieht es da meistens, wenn sie zum erstenmal über ihre Krankheit informiert werden, sich aber noch keineswegs in einem fortgeschrittenen oder schmerzhaften Stadium befinden?

Wir kennen nicht viele Fälle, in denen ein Patient im Anfangsstadium seiner Erkrankung Selbstmord zu begehen versucht oder wirklich begeht. Es geschieht sehr viel öfter im Endstadium der Krankheit, wenn er nicht mehr imstande ist, für sich selbst zu sorgen, wenn die Schmerzen unerträglich und die Kosten so hoch werden, daß er beginnt, sich seiner Familie wegen Sorgen zu machen; dann begeht er den Selbstmord, um die Agonie abzukürzen und die Rechnung für die Familie, die er zurückläßt, nicht weiter anwachsen zu lassen.

Wissen Sie, ob Menschen, die Selbstmord begehen, den Tod nicht wahrhaben wollen oder ihn akzeptieren?

Beides kann der Fall sein.

Der Patient mit Selbstmordabsichten weist auf symbolische Weise darauf hin. Soll die „helfende" Person diesen Patienten anders behandeln als den Kranken, der den bevorstehenden Tod ahnt oder ahnungslos nahe vor seinem Ende steht?

Sicherlich wird der zum Selbstmord geneigte Patient, der seinem natürlichen Ende noch nicht unmittelbar gegenübersteht, symbolisch auf seine Absicht hinweisen. Das bedeutet eine Bitte um Hilfe, und Sie sollten offen und frei mit ihm umgehen und jede nur denkbare Hilfe anbieten, um seinen Selbstmord zu verhindern.

Wie steht es mit Selbstmord bei todkranken Patienten?

Bei über achthundert todkranken Patienten haben wir außerordentlich selten einen Selbstmordversuch erlebt. Er ist am ehesten bei den Kranken zu befürchten, die auf Dialyse angewiesen sind oder auf eine Organverpflanzung warten. Solche Patienten sind in ihren Funktionen außerordentlich eingeschränkt, obwohl sie zunächst große Hoffnung auf die Verpflanzung gesetzt haben. Wenn aber das Transplantat nicht zu erhalten ist oder sich andere Komplikationen ergeben, verlieren sie oft jede Hoffnung und sind dann sehr stark durch Selbstmord gefährdet. Sie begehen oft das, was wir als „passiven Selbstmord" bezeichnen: Sie halten sich nicht an Vorschriften, trinken große Mengen Flüssigkeit, nehmen ihre Medikamente nicht und führen so einen vorzeitigen Tod herbei – diese halb passive Weise ist häufiger als der Selbstmord durch eine Überdosis von Medikamenten.

Haben Sie Erfahrung mit zu Selbstmord neigenden, ihrem Ende nahen Patienten? Und wenn – wie handeln Sie in solcher Situation?

Wenn ein unheilbar Kranker an Selbstmord denkt und mit mir darüber spricht, frage ich ihn, was in seiner gegenwärtigen Situation die Fortsetzung des Lebens so unerträglich macht. Sind es zu große Schmerzen, dann müssen wir zu einer anderen Schmerzbekämpfung übergehen, damit er nicht zu sehr leidet. Ist es für ihn unerträglich, daß er von seiner Familie vernachlässigt wird, versuchen wir, die Angehörigen stärker einzubeziehen. Ist das nicht möglich, versuchen wir, die Familie durch unsere eigenen häufigeren Besuche zu ersetzen und eine „Patenfamilie" zu finden, vielleicht einen Helfer, der in der Fürsorge für sterbende Patienten ausgebildet worden ist und solche Tätigkeit gern übernimmt. Wir tun alles nur menschenmögliche, um dem Patienten zu helfen, bis an das natürliche Ende seiner Tage zu leben. In all diesen Jahren, in denen wir uns der körperlichen, emotionalen und geistigen Bedürfnisse der Kranken annehmen konnten, haben wir nur einen einzigen Selbstmord erlebt. Wenn sich in einer Station mehrere Selbstmorde von unheilbar Kranken ereignen, sollte die Belegschaft den Umgang mit ihren Patienten überdenken und auf eine andere Grundlage stellen.

Wie wollen Sie, wenn jemand den Tod herbeisehnt, ihm den „Willen zum Leben" einflößen – etwa einem zum Selbstmord geneigten Menschen oder jemandem, der Alkohol oder Drogen mißbraucht? Wie wollen Sie erreichen, daß er zu leben wünscht und ein sinnvolles Dasein wieder zu schätzen weiß?

Ich glaube, daß man solche Patienten vor allem nicht verurteilen darf. Man muß sie so hinnehmen, wie sie sind, und herausfinden, warum sie sich mit Drogen oder Alkohol ruinieren. Nur dann können Sie ihnen wirklich helfen. Diese Patienten brauchen natürlich Hilfe von fachkundiger Seite.

Glauben Sie, daß ein Mensch mit unheilbarer Krankheit das Recht hat, sich das Leben zu nehmen, oder haben wir das Recht, ihn daran zu hindern?

Unser Ziel darf nicht die Vernichtung von Leben sein, sondern wir sollen den Menschen helfen, damit sie so lange leben können, bis der Tod aus natürlichen Ursachen eintritt. Wenn ein Patient tief niedergeschlagen ist und sein Leben beenden möchte, müssen wir zunächst versuchen, ihm aus seiner Depression herauszuhelfen. Wenn ein unheilbar Kranker seine eigene Endlichkeit hingenommen und seine Angelegenheiten geordnet hat und nun wünscht, seinem Leben ein Ende zu machen, können wir es nicht verhindern, und wir sollten seinen Entschluß nicht verurteilen. Doch solange ein solcher Kranker von uns betreut wird, müssen wir unser Äußerstes tun, sein Leben erträglich, möglichst sogar sinnvoll zu machen, damit er seinen natürlichen Tod abwarten kann.

Wie kann man der Familie und den Freunden helfen, den Tod eines Menschen hinzunehmen, der Selbstmord begangen hat?

Solche Familien und Freunde müssen alle Phasen des Sterbens durchmachen. Weil der geliebte Mensch auf diese Weise zu Tode gekommen ist, sind meistens viele zusätzliche Gefühle von Schuld und Reue zu bewältigen. Oft brauchen die Angehörigen fachkundige Hilfe, um die Phase von Frieden und Hinnahme zu erreichen. In solchem Fall währt der Schmerz viel länger, als wenn der Tote an natürlichen Ursachen gestorben wäre.

Was sagen Sie dem Patienten, der das Krankenhauspersonal um den Gnadentod bittet oder droht, durch Verweigerung der medikamentösen Behandlung Selbstmord zu begehen?

Nach meiner Ansicht sollte man keinen Patienten zu einer Behandlung zwingen. Wenn ein Kranker die Dialyse, andere Behandlungen, Medikamente ablehnt, müssen wir wohl sein Recht zur Bestimmung über seinen eigenen Körper anerkennen, falls er geistig zurechnungsfähig ist. Leidet er an einer psychotischen Depression, würde ich es als meine Pflicht ansehen, ihm aus diesem Zustand herauszuhelfen. Lehnt er immer noch Behandlung oder Medikamente ab, werde ich seine Entscheidung akzeptieren. Wenn ein Kranker um den Gnadentod bittet, möchte ich vor allem wissen, warum er danach verlangt, denn wenn seine Schmerzen ausreichend gelindert werden, wenn er gute körperliche, emotionale und geistige Hilfe erhält, wird ein Patient nur in ganz seltenen Fällen um den Gnadentod bitten – vielleicht einer von tausend. Es ist nicht an uns, Menschen umzubringen, sondern ihnen zu helfen, damit sie leben können, bis sie sterben. Ich bin ganz und gar gegen jede Form von Gnadentod und würde niemals dabei mitwirken.

Glauben Sie, daß Patienten, die mit dem Gedanken an Selbstmord umgehen, die Phase der Depression – mit reaktivem und stummem Trauern – durchmachen?

Ich bin der Meinung, daß Patienten, die an Selbstmord denken, allmählich und bewußt den vorbereitenden Schmerz erleben. Allerdings gibt es Selbstmordfälle, bei denen die Kranken nicht die Phasen des Sterbens durchleben, meistens Menschen, die unter dem Einfluß von Alkohol oder Drogen nicht klar denken können. Auch psychotische Patienten begehen Selbstmord, allerdings aus anderen Gründen als nichtpsychotische Kranke.

Kann Selbstmord überhaupt ein normales Ende für die letzte Phase des Sterbens sein, also wenn die volle Zustimmung erreicht ist, vielleicht, um Leiden oder Belastungen zu vermeiden – oder ist der Selbstmord immer ein anormales Verhalten?

Nein, nach meiner Meinung ist er nicht immer anormal. Wir haben von Patienten gehört, die ihre Geschäfte abgeschlossen, ihre Angelegenheiten geordnet und eine Phase von Frieden und Zustimmung erreicht hatten. Dann beendeten sie ihr Leben selbst, vielleicht, um das Haus und etwas Geld für die Frau und die Kinder zu retten, vielleicht auch, weil es ihnen sinnlos erschien, den Prozeß des Sterbens in die Länge zu ziehen, wenn sie auf den Tod vorbereitet waren.

Warum ist es denn so unrecht, wenn ein Selbstmörder diesen Weg wählt, um über sich selbst zu bestimmen?

In unserer Arbeit mit Todkranken haben wir gelernt, nicht richterlich aufzutreten. Es geht uns nicht um Recht und Unrecht, wenn ein Mensch den Selbstmord in Betracht zieht; für uns heißt die Frage, warum er es tun möchte. Woher stammt dieses dringende Bedürfnis, selbst die Zeit und die Art des eigenen Todes zu bestimmen? Wenn sich ein Kranker vor Sterben und Tod nicht fürchtet, ist er nämlich imstande, den Wunsch nach Selbstbestimmung aufzugeben und auf seinen natürlichen Tod zu warten. Bei den meisten Patienten ist nur etwas Rat und Hilfe nötig, damit sie diese Einstellung erreichen.

Sollte nicht jeder das Recht zum Selbstmord haben? Und wenn – welche Begrenzungen und welche Gegebenheiten sollten im Hinblick auf Zeit, Ort und Mittel gelten?

Ich glaube nicht, daß wir den Selbstmord als das Recht jedes Menschen empfehlen sollten. In der Geschichte Frankreichs gab es eine Epoche, in der Selbstmord als die Norm angesehen wurde und wo man in bestimmten „Gesundheitsstationen" das Gift erhielt, mit dem man sich umbringen konnte. Ich bin gegen den Gnadentod und halte nichts von einer allgemeinen Erleichterung des Selbstmords. Wir haben, so meine ich, die Aufgabe, ein sinnvolles, funktionierendes Leben immer zu verlängern, und die Menschen sollten jede auch nur denkbare Hilfe erhalten, um sinnvoll leben zu können und ihre Zeit und Energie auf das Leben zu verwenden statt an Gedanken über Selbstmord. Wenn ein Todkranker, der sich „jenseits aller medizinischen Hilfe" befindet, überlegt, ob er nicht sein Leben abkürzen soll, indem er einfach seine Medikamente nicht nimmt oder weitere Behandlungsmethoden ablehnt, dann hat er nach meiner Meinung ein Recht dazu. Doch ich unterscheide hier genau und bewußt zwischen dem Recht des Kranken, seinen eigenen Tod zu sterben, also eine zusätzliche künstliche Verlängerung der Lebenszeit abzulehnen, und dem eigentlichen Selbstmord.

Gehen selbstmörderische Patienten durch dieselben vorbereitenden Phasen des Todes, die der unheilbar Kranke durchzumachen hat?

Ich glaube, daß manche Patienten, die an Selbstmord denken, dieselben Phasen durchleben. Das trifft sicher für den neurotischen Patienten zu, der sich in einer langen, chronischen Depression befindet und Zeit hat, bewußt und allmählich die Beendigung des Lebens zu überdenken. Es würde nicht gelten für die spontanen Impulse zum Selbstmord bei psychotischen Kranken, und auch nicht für die Menschen, die unter dem Einfluß von Drogen Selbstmord begehen.

Wie denken Sie über den Selbstmord in der Gruppe der Heranwachsenden, die im Grunde körperlich gesund sind, aber emotionale Schwierigkeiten haben?

Sie brauchen natürlich psychiatrische Hilfe, in die auch die Eltern einbezogen werden.

Plötzlicher Tod

Der plötzliche, unerwartete Tod eines geliebten Menschen gehört zu den besonders tragischen Erlebnissen. In unserer den Tod verleugnenden Gesellschaft sind wir kaum imstande, den Verlust eines Angehörigen zu ertragen, wenn wir nicht durch seine Krankheit nach und nach auf diesen Ausgang vorbereitet worden sind.
Es ist äußerst wichtig, daß wir einer so betroffenen Familie helfen, ein nicht wieder zu heilendes Trauma und ein Trauern ohne Ende zu vermeiden. Zu viele Menschen, denen nicht wirksam geholfen wurde, haben Jahre unbewältigten Kummers vor sich oder brauchen später psychiatrische Hilfe.

Wie können wir Familien helfen, in denen ein Angehöriger rasch oder gewaltsam den Tod gefunden hat, ohne daß irgendeine Zeit zu vorbereitenden Phasen blieb?

Sie müssen genügend Zeit haben, um die Phase von Entsetzen und Nichtwahrhabenwollen zu überwinden; danach werden sie alle Phasen des Sterbens durchmachen müssen, nur eben nach dem Tod des Angehörigen.

Wie können wir dem Patienten, der sich von einem schweren Herzanfall erholt hat, die Angst vor einem plötzlichen Tod zu überwinden helfen?

Viele Patienten, die einen schweren Herzanfall erlitten und sich davon erholt haben, werden überängstlich und befinden sich immer in Angst vor einem zweiten Anfall und plötzlichem Tod. Solche Patienten brauchen Beratung, die ihnen hilft, ihre Ängstlichkeit zu überwinden und sich zu trainieren, etwa durch den Gebrauch eines Fahrrads, um ein normales Leben in dem Maße zu führen, das ihnen der Arzt erlaubt. Viele solcher Patienten leben in dauernder Spannung und Angst, so daß die Möglichkeit eines erneuten Anfalls schon dadurch viel größer ist, als wenn sie – oft mit fachlicher Beratung und Hilfe – ihre Übungen machen und so normal wie nur möglich leben.

Wie kann sich die Familie mit dem plötzlichen Tod eines Kindes abfinden?

Nichts ist schwerer, als den Tod eines Kindes zu ertragen. Wenn der Tod so plötzlich kommt, daß die Familie in keiner Weise darauf vorbereitet war, brauchen die Angehörigen oft Jahre zur Bewältigung ihres Schmerzes. Das heißt aber, daß Sie eine solche Familie nicht im Stich lassen dürfen, sondern ihr zur Verfügung stehen müssen in all den Monaten, in denen Eltern und Geschwister die Phasen des Sterbens nach dem Tod des Kindes durchleiden.

Was können wir sagen und wie können wir helfen, wenn ein paar Stunden nach einem Unfall oder bei einer plötzlich aufgetretenen schweren Erkrankung der Tod eingetreten ist?

In den ersten Stunden unmittelbar nach einem solchen unerwarteten Todesfall können wir wenig für die Familie tun, außer daß wir uns ihr zur Verfügung halten und bei den äußeren Dingen helfen, die ein Todesfall mit sich bringt. Die meisten Angehörigen werden in einem Zustand von Entsetzen und Nichtwahrhabenwollen sein. Sie brauchen jemanden, der klar und ohne Aufregung denken kann, um die nächsten Angehörigen zu benachrichtigen und die Beerdigung vorzubereiten.

Wie behandeln Sie einen sterbenden Patienten, wenn der Mensch, mit dem er am engsten verbunden ist, stirbt?

Der Tod einer wichtigen Person während des Sterbeprozesses eines Patienten gehört zu den schwierigsten Situationen, mit denen wir zu tun haben. In einem Krankenhaus, in dem wir etwa achthundert todkranke Patienten interviewt haben, ereignete sich ein sehr seltener Fall, der mir die bedrückendste

Erfahrung meines Lebens brachte. Es war der Tod eines bedeutenden Chirurgen und Arztes, der viele meiner Krebskranken behandelte. Er starb an einem Herzanfall, morgens, unmittelbar vor der Visite. Viele seiner Patienten, die ihm unausgesprochen oder ausdrücklich vertrauten und ihn sehr gern hatten, gerieten in ein Stadium furchtbaren Entsetzens und großer Angst, und viele wollten auf weitere Operationen verzichten, weil sie den Tod des Chirurgen als Zeichen ansahen, daß jeder weitere Eingriff überflüssig sei. Solche Patienten haben großen Kummer über den Verlust einer so wichtigen Person zu bewältigen. Alle unsere Kranken brauchten damals Beratung, um sich mit dem Tod eines so wichtigen, teilnehmenden Menschen abzufinden. Das gleiche gilt natürlich auch dann, wenn der Ehemann einer todkranken Frau stirbt oder wenn ein sterbender Patient ein Kind verliert, während er im Krankenhaus ist. Man sollte den Betroffenen die Tatsache mitteilen und sie ihnen nicht einfach deshalb vorenthalten, weil sie todkrank sind. Irgend jemand muß sich die Zeit nehmen, ihnen die Nachricht beizubringen, und sich zur Verfügung halten, um ihnen bei der Bewältigung des schrecklichen Verlusts zu helfen.

Wie verhalten Sie sich, wenn die Familie eines Unfalltoten in das Krankenhaus kommt?

Es ist sehr wichtig, daß die Familie durch einen Arzt vom Tod ihres Angehörigen unterrichtet wird. Er kann diese Aufgabe nicht einer Schwester oder dem Vertreter einer karitativen Organisation übertragen. Selbst wenn die Schwester im Grunde besser dazu geeignet wäre, ist es für die Familie wichtiger, zu wissen, daß der Arzt anwesend war und daß alles nur mögliche unternommen wurde, um den tödlichen Ausgang abzuwenden. Wenn sich kein Arzt blicken läßt, könnten die Angehörigen auf den Gedanken kommen, daß kein Arzt zur Stelle war, als vielleicht noch Aussicht auf Rettung bestand. Der Todesfall sollte nicht telefonisch gemeldet werden, auch nicht auf dem Gang oder im Notaufnahmeraum, sondern in einem – möglichst angrenzenden – ruhigen kleinen „Zimmer zum Weinen". Hier kann sich die Familie hinsetzen, hier ist vielleicht eine Tasse Kaffee oder ein Mineralwasser verfügbar.

Der Arzt nimmt sich ein paar Minuten Zeit, um Fragen zu beantworten. Wenn er dann wieder seiner Arbeit nachgehen muß, sollte ein Mitglied einer helfenden Organisation, am besten ein Seelsorger, sonst ein Sozialarbeiter oder eine Schwester bei der Familie bleiben, bis die Leute seelisch und äußerlich imstande sind, das Krankenhaus zu verlassen. Die Angehörigen sollten nicht beruhigt werden, sondern weinen, schreien, beten, fluchen und ihre Gefühle auf jede ihnen gemäße Art äußern dürfen; sie werden oft von Entsetzen und Zorn gepackt sein, und das muß man hinnehmen. Vielleicht sollte ein Helfer die Familie nach Hause bringen, und dieselbe Person, die in dem „Zimmer zum Weinen" menschlichen Beistand leistete, sollte die Familie nach vier Wochen noch einmal aufsuchen und sie ins Krankenhaus einladen, für den Fall, daß sie mehr über den Hergang erfahren möchte. Meistens greifen die Angehörigen den Vorschlag sehr bereitwillig auf, weil sie dann Fragen stellen können, zu denen sie im Augenblick des Entsetzens noch nicht fähig waren. Sie fragen etwa: „Hat er noch einmal die Augen geöffnet? Hat er meinen Namen noch erwähnt? War er bei Bewußtsein, als er eingeliefert wurde?" Wenn solche Fragen beantwortet werden können, wird die Familie diese Gegenüberstellung mit der Wirklichkeit des Todes gutheißen. Oft beginnen die Angehörigen nach einer solchen zweiten Begegnung, den Prozeß der Schmerz- und Trauerbewältigung aufzunehmen.

Was tut man im Fall eines plötzlichen Todes? Wie helfen Sie der Familie, damit fertigzuwerden?

Wenn eine Familie von einem Unfalltod betroffen wird, ist es wichtig, daß wir sie nicht daran hindern, die Leiche zu sehen. Patienten, die Selbstmord begangen haben oder Opfer eines Unfalls wurden, sind oft verstümmelt, und das Krankenhauspersonal hindert die Familie, den Toten zu sehen. Doch das belastet sie später mit vielen psychologischen Problemen. Es ist wichtig, daß die Schwestern die Leiche in einen möglichst erträglichen Zustand bringen, damit die Familie wenigstens einen erkennbaren Teil des Toten sehen kann, um die Realität seines Todes zu begreifen. Wenn wir sie vor dem Anblick der Leiche bewahren, bleibt sie vielleicht noch jahrelang in der Phase des Nichtwahrhabenwollens und erfaßt niemals die Realität des Todes.

Wie kann man am besten einer Familie helfen, die einen plötzlichen und gewaltsamen Todesfall erfahren hat, in der aber Schuldgefühle und massive Verteidigungsmechanismen so wirksam sind, daß man das Thema Tod vermeidet?

Allmählich und mit Geduld können Sie vielleicht der Familie helfen, dem Thema nicht aus dem Wege zu gehen. Manche solcher Familien verharren Monate und zuweilen auch Jahre in der Phase des Nichtwahrhabenwollens und brauchen fachkundige Hilfe, um diesen Tod hinnehmen zu können.

Wenn ein Kind zu einem kleinen chirurgischen Eingriff, auf den die Eltern und der kleine Patient selbst gut vorbereitet worden sind, ins Krankenhaus geschickt wird und dann ganz unerwartet und plötzlich stirbt – vielleicht an der Anästhesie, durch eine Blutung oder ähnliches –, dann ist eigentlich jeder Beteiligte, auch das behandelnde Team, von Entsetzen gepackt. Wie kann also das Krankenhauspersonal der Familie helfen, wenn es selbst genausowenig auf diesen unerwarteten Ausgang vorbereitet war?

Wir, die Angehörigen des Krankenhauses, müssen uns die Zeit nehmen, um die Situation zu erörtern und unsere Empfindungen offen und frei zu äußern, und wenn wir auch zusammen weinen. Ein Angehöriger des Krankenhauses, der nicht unmittelbar in die Behandlung und Pflege des Kindes einbezogen war, ist sicher am geeignetsten, den anderen zu helfen, die eng mit dem Patienten verbunden waren. Erst dann, wenn wir als teilnehmende Personen imstande waren, uns über die eigenen Empfindungen Klarheit zu verschaffen, sind wir fähig, auch der Familie in ihrer Not beizustehen.

Bei einem plötzlichen Tod muß eine Autopsie vorgenommen werden. Viele Angehörige betrachten sie als zusätzliche Kränkung des Toten (sie sagen: „Er hat genug gelitten") und sind äußerst aufgebracht, weil sie die Autopsie nicht verhindern können. Wie können wir ihnen helfen?

Wir sollten ihnen erklären, daß die Autopsie mit größter Sorgfalt und in aller Würde vorgenommen wird, ähnlich wie ein chirurgischer Eingriff. Die bei der Autopsie gewonnene Information kann ein Licht auf die Todesursache werfen und Schuldgefühle oder den Zweifel daran beseitigen, daß wir wirklich alles getan haben, was uns beim gegenwärtigen Stand der medizinischen Wissenschaft nur möglich war.

Wie können wir den Eltern eines Säuglings helfen, der ganz plötzlich gestorben ist? (Sogenannter „cribdeath".)

Wir erklären vor allem, daß sie sich keine Nachlässigkeit vorzuwerfen brauchen und daß wir die genaue Ursache dieses plötzlichen Todes von Säuglingen nicht kennen. Wir verweisen sie außerdem an die SID (Sudden Infant Death National Foundation), die Institution zur Erforschung des plötzlichen Todes von Säuglingen, in der Eltern mit denselben Erfahrungen sich zusammengeschlossen haben. Sie sind vielleicht besser in der Lage, der Familie zu helfen.

Wenn jemand bei der Ankunft in unserer Notaufnahme bereits tot ist, erhält der Fahrer oft die Anweisung, ihn sofort ins Leichenschauhaus zu bringen, damit wir uns nicht damit „plagen" müssen. Kommt dann nach ein paar Minuten die Familie, kann sie die Leiche nicht mehr sehen und wird ohne Beistand alleingelassen. Ich fühle mich als Schwester in solcher Situation so unglücklich, daß ich den Angehörigen möglichst aus dem Wege gehe. Es muß doch einen Weg geben, um die Situation auf eine menschlichere Weise zu lösen.

Die Tatsache, daß Sie sich in solcher Lage unglücklich fühlen, gibt mir schon Hoffnung, daß man allmählich mit diesem grausamen Verfahren aufhören wird. Es mag für das Personal „leichter" sein, die Situation abzuschieben, doch sicherlich führt sie zu viel Leid, Bitterkeit, Vorwürfen und unbewältigtem Kummer. Es müßte einen Raum geben, wo die Betroffenen ruhig sitzen können und nicht hinausgewiesen werden, in dem man den Toten sehen kann, wo sich die Angehörigen vom ersten Schock erholen können, wo es ein Telefon, vielleicht auch eine Tasse Kaffee, wo es eine Toilette gibt. Wenn Menschen wie Sie, die offensichtlich mitfühlen, bei den Angehörigen bleiben können, wäre das eine große Hilfe und ein Beweis für echte Menschlichkeit! Niemand sollte von Ort zu Ort geschickt werden, um nach einem Toten zu suchen, den man ihm vorenthält.

Wenn ein Patient gerade eben gestorben ist, werden die Angehörigen in sein Sterbezimmer gebeten. Manche sprechen dann tatsächlich zu dem Toten, berühren ihn, küssen ihn sogar. Halten Sie das nicht für krankhaft?

Nein, ich halte es nicht für krankhaft. Ich mache mir eher Sorgen um die Leute, die sehr stoisch, ruhig, gelassen, nach außen hin gefaßt erscheinen, um diejenigen, die kein Wort sagen und keine Träne vergießen, die sich fürchten, auch nur einen Blick auf den Toten zu werfen, und das Zimmer stumm verlassen. Sie werden vielleicht eine verspätete, aber um so nachhaltigere Reaktion durchmachen müssen.

Manchmal wird uns ein schlimm zugerichteter Patient in die Notaufnahme gebracht und stirbt kurz darauf. Viele Angehörige des Krankenhauses sind dann ziemlich verärgert und kritisch gegen den Seelsorger, der sich unbehaglich fühlt, wenn wir von ihm erwarten, daß er die Familie tröstet. Was kann ich als Krankenschwester tun, um ihm zu helfen?

Sie können ihm sagen, daß Sie verstehen, wie schwer es ihm fallen muß. Von einem Theologen erwarten wir, daß er auf alles eine Antwort bereit hat. Das ist aber sehr ungerecht. Wir müssen berücksichtigen, daß auch der Geistliche seine Schwierigkeiten hat. Er weiß, daß Gott der Liebende ist und daß er über alles gebietet, und oft können die Geistlichen selbst nicht verstehen, warum Gott dann solche Tragödie zugelassen hat. Für sie ist es sehr schmerzlich, dann mit Trost und Beruhigung bei der Hand sein zu müssen, obwohl sie selbst nach dem Warum fragen. Sagen Sie ihm, er solle doch versuchen, beim nächsten Mal den Betroffenen schweigend die Hände zu halten – vielleicht bedeutet das mehr als Worte. Und das können Sie auch für ihn tun!

Patienten, die kurz nach ihrer Einlieferung ins Krankenhaus sterben, haben noch lebensrettende Behandlung aller Art erhal-

ten, Infusionen, Wiederbelebungsversuche. Ich frage nun, ob wir die Apparate entfernen sollten, ehe die Familie das Sterbezimmer betreten darf. Manchmal allerdings frage ich mich auch, ob es besser wäre, die Instrumente im Zimmer zu lassen, um zu „beweisen", daß wir uns alle Mühe gegeben haben. Ich muß dazu bemerken, daß mir diese Fragen durch die Erfahrung mit Angehörigen gekommen sind, die wissen wollten, ob wir denn keine Versuche zur Rettung mehr unternommen hätten, als ihr Angehöriger bereits tot und jenseits aller Hilfe zu uns gebracht wurde.

Meine erste Reaktion auf Ihre Frage ist: Wem müssen Sie beweisen, daß Sie alles nur mögliche getan haben, sich oder der Familie? Ich denke, daß wir den Toten säubern, verstümmelte Teile zudecken, den Raum lüften, die Infusionsschläuche aus dem Arm entfernen, doch die Instrumente im Zimmer lassen sollten.

Ich bin Krankenhausfürsorger und habe gerade ein furchtbares Erlebnis hinter mir. Eine ganze Familie wurde von einem Unfall betroffen; die Mutter starb, der Vater liegt im Koma, eines der Kinder starb kurz nach der Einlieferung ins Krankenhaus. Zwei Schulkinder liegen auf der Station, körperlich in zufriedenstellendem Zustand. Sie fragen nach ihren Eltern, doch man hat mich angewiesen, ihnen nichts zu sagen, ehe die Großeltern von auswärts gekommen sind. Die Art, wie die Kinder mich ansehen, zeigt mir, daß sie Bescheid wissen. Was kann ich tun?

Setzen Sie sich zu ihnen, erzählen Sie ihnen, daß Sie gerade ihren Vater besucht haben, daß er sie aber jetzt nicht besuchen kann und daß die Großeltern unterwegs zu ihnen sind. Erklären Sie den Kindern, wie Sie selbst für sie erreichbar sind, falls sie etwas wissen möchten. Wenn sie nach ihrer Mutter fragen, müssen Sie ihnen die Wahrheit mitteilen.

Manchmal wissen sehr kranke Patienten, vor allem solche, die vor einer Herzoperation stehen, daß sie auf dem Operationstisch oder in der postoperativen Phase sterben werden. Was liegt diesem Wissen zugrunde? Woher wissen sie Bescheid?

Nicht nur Patienten vor einer schweren Operation oder todkranke Patienten, sondern auch viele andere, deren körperlicher Zustand von uns günstig beurteilt wurde, haben uns eine Ahnung von ihrem unmittelbar bevorstehenden Tod mitgeteilt. Meistens hatten sie recht. Welche Art von psycho-physiologischen Hinweisen sie erhalten haben, wissen wir nicht, doch wir wissen, daß Patienten ihren bevorstehenden Tod kennen und dann jemanden brauchen, der sie weder auslacht noch versucht, ihnen ihre Ahnung auszureden, sondern sie ernst nimmt.

Gelten die Phasen des Sterbens auch für diejenigen, die an einer Unfallverletzung sterben?

Ein Patient, der eine Stunde nach einem Unfall stirbt, hat nicht die Zeit, die Phasen des Sterbens zu durchleben. Meistens sterben solche Verletzten in einem Zustand von Schock und Nichtwahrhabenwollen, zuweilen auch voller Zorn.

Wie kann man einer Frau seelisch beistehen, wenn sie ihr Kind bei der Geburt oder kurz danach verliert?

Der Verlust eines Kindes gehört zu den schlimmsten Ereignissen, die uns treffen können. Sie helfen der Frau durch Ihre Anwesenheit, Ihre Fürsorge und Ihr Mitgefühl und müssen versuchen, in einsamen und leeren Stunden bei ihr zu sein. Sie wird es dankbar empfinden. Es braucht seine Zeit, den Verlust eines Kindes zu überwinden.

Welche seelische Hilfe kann man einer Familie geben, wenn ein Angehöriger ganz plötzlich stirbt?

Ein Patient, der in den Notaufnahmeraum gebracht wird und Minuten oder Stunden danach stirbt, ist meistens von Ärzten und Pflegern umringt, die sein Leben zu retten oder zu verlängern versuchen. Die Familie wird oft ganz alleingelassen; niemand hat Zeit, sich um sie zu kümmern; sie darf oft erst zu dem Verletzten, wenn der Tod schon eingetreten ist. Die Angehörigen befinden sich in einem Zustand von Benommenheit, Schock, Ableugnung oder auch in berechtigtem Zorn, weil man ihnen die letzten Minuten mit einem geliebten Menschen nicht gönnt, in denen er noch lebt und ihre Anwesenheit spüren kann. Die Hilfe, die Sie solchen Familien geben können: Sie nehmen sie mit sich in das „Zimmer zum Weinen", helfen ihnen, zu weinen, zu fluchen, zu beten, ihre Gefühle auf jede Art zu äußern. Beruhigen Sie die Angehörigen nicht, versuchen Sie nicht, sie zur Unterschrift unter irgendwelche Papiere zu veranlassen oder sie so schnell wie möglich aus dem Krankenhaus zu entfernen. Jeder Notaufnahmeraum sollte nebenan ein Zimmer haben, wo ein Berater oder Therapeut, ein Seelsorger oder ausgebildeter Helfer bei den Familienangehörigen bleiben kann, bis sie imstande sind, das Krankenhaus zu verlassen. Wenn Sie dann vier Wochen später anrufen und fragen, ob sie noch einmal ins Krankenhaus kommen möchten, um über den Hergang zu sprechen, werden die Angehörigen sehr dankbar sein und sich den ganzen Vorgang noch einmal zurückrufen, um ihn jetzt realistischer zu begreifen. Dann sind sie imstande, die Phasen des Sterbens zu bewältigen, wie wir sie geschildert haben.

Macht die Familie denselben Prozeß des Trauerns durch, wenn ein Angehöriger plötzlich und unerwartet umkommt, wie dann, wenn es sich um eine chronische Krankheit gehandelt hat?

Ja, nur fehlt oft die Phase des Verhandelns, und die Bewältigung der Trauer kann länger dauern, weil die Menschen so völlig unvorbereitet waren.

Wie können wir einem Menschen oder seiner Familie helfen, wenn er aus einem glücklichen, gesunden Dasein heraus plötzlich vor seinem Tod steht, weil er schwer verletzt oder von einer akuten Erkrankung betroffen ist? Bleibt dann die Zeit für die „Phasen"?

Menschen, die plötzliche Tragödien erleben und denen sehr wenig Zeit bleibt zwischen dem Ausbruch einer akuten Krankheit und dem Tod, verharren oft in einem Zustand von Schock und Nichtwahrhabenwollen. Manche geraten dann in das Stadium des Zorns, andere befinden sich in einer aus Schock, Ablehnung, Verhandeln, Zorn und Depression gemischten Seelenlage. Einer unserer Patienten, dem zwischen seiner Einweisung ins Krankenhaus und seinem Tod nur zwei Wochen blieben, war imstande, alle Phasen zu bewältigen und in Zustimmung zu sterben. Ich betone hier, daß es nicht unser

Ziel sein kann, den Menschen durch alle fünf Phasen hindurchzuhelfen, bis sie die Phase Zustimmung erreichen. Das Schema dieser Phasen ist ja nur ein allgemeiner Nenner für das, was wir bei den meisten unserer todkranken Patienten festgestellt haben. Viele bewältigen die Phasen eins bis fünf nicht in dieser chronologischen Reihenfolge, und das ist für ihr Wohlbefinden völlig unwichtig. Unser Ziel sollte es sein, die Bedürfnisse des Patienten herauszufinden und festzustellen, wo *er* sich befindet, dann zu überlegen, in welcher Form und Weise wir ihm am besten helfen können, gleichgültig, wie lange Zeit zwischen seiner Erkrankung oder Verletzung und seinem Tod liegen mag. Mit anderen Worten: Wenn sich der Patient im Zustand des Nichtwahrhabenwollens wohlfühlt, werden wir natürlich seine Ableugnung nicht zu durchbrechen versuchen, sondern ihn mit derselben Fürsorge und Aufmerksamkeit behandeln, als ob er die Phase der Zustimmung erreicht hätte. Wenn jemand sein ganzes Leben lang leicht zu verärgern war, wird er vielleicht in der Phase des Zorns sterben, weil sie seinem Charakter und seiner früheren Lebensführung eher entspricht. Versuchen wir, ihn zu beruhigen, ihn „nett, ruhig und friedlich" zu machen, dann erfüllen wir eigene Bedürfnisse und nicht die des Patienten.

Wie kann man einem Patienten die Angst vor dem Sterben erleichtern, wenn er einen operativen Eingriff am offenen Herzen mit einer Überlebenschance von fünfzig Prozent vor sich hat? Wie kann man die Schuldgefühle der Angehörigen mildern, die den Patienten veranlaßt haben, sich einer so schwierigen Operation zu unterziehen – vor allem dann, wenn der Patient dabei stirbt?

Wenn der Patient eine Operation vor sich hat, wenn es sich sogar um eine Herzoperation mit fünfzigprozentiger Überlebenschance handelt, hat man vorher ausreichend Zeit, das Für und Wider mit dem Kranken zu besprechen und seine Fragen zu beantworten. Wenn seine Einstellung zu dem Eingriff sehr zwiespältig oder gar negativ ist, sollte man ausführlich darüber sprechen. Hat die Familie den Kranken dazu überredet, und der Patient überlebt die Operation nicht, sind die Angehörigen natürlich durch Schuldgefühle belastet und brauchen oft psychiatrische Beratung. Auch hier scheint mir eine sorgfältige, oft durchaus zeitraubende Vorbereitung vor der Operation nicht nur für den Patienten selbst, sondern ebenso für seine Angehörigen notwendig zu sein, damit unnötige seelische und körperliche Belastungen nach der Operation vermieden werden.

Verlängerung des Lebens

Todkranke Patienten stellen uns während des Krankheitsverlaufs vor viele Probleme, doch vor die schwersten gegen Ende ihrer Leidenszeit, denn hier geraten wir miteinander an einen Punkt ohne Umkehr, wo keine Aussicht auf Gesundung mehr besteht, wo es nicht mehr möglich ist, irgendeine Form tätigen Lebens zurückzugewinnen. Der Patient kann in diesem Zustand noch Wochen und Monate existieren. Wann aber ist es besser für ihn, daß wir weniger unternehmen? Wer entscheidet, wann lebensverlängernde Maßnahmen eingestellt werden sollen? Wer sagt, was übliche und was außergewöhnliche Mittel und Methoden sind? Haben wir das Recht, ein Leben abzukürzen, wie sinnlos es uns auch immer erscheinen mag?
Das sind Fragen, die in jeder Arbeitstagung, in jedem Seminar über die Behandlung Todkranker auftauchen. Erich Fromm sagt dazu: „Ich glaube nicht, daß es so etwas wie eine medizinische Ethik gibt. Wir haben nur eine allgemeingültige menschliche Ethik, die auch in besonderen menschlichen Situationen gilt." Dieses humane Gewissen, aus philosophischer oder religiöser und humaner Tradition hergeleitet, muß uns in jedem schwierigen Fall leiten. Wir haben uns immer *zuerst* in die Lage des Kranken zu versetzen, dann aber auch die Bedürfnisse der Familie und die des Pflegepersonals zu bedenken, denn das alles spielt eine Rolle für unsere endgültige Entscheidung.
Für das Wort „Euthanasie" müßten wir eine neue Definition finden, denn bisher verstehen wir darunter sowohl den „guten Tod" (nämlich den natürlichen eigenen Tod des Patienten ohne eine unangemessene Hinauszögerung des Sterbeprozesses) wie den sogenannten „Gnadentod", der mit der ursprüng-

lichen Bedeutung des Wortes „Euthanasie" nichts mehr zu tun hat. Für mich liegt der Unterschied zwischen den beiden Bedeutungen darin, daß man jemanden seinen eigenen Tod sterben läßt – oder ihn tötet. Ich bin natürlich für die erste Definition und gegen die zweite.

Doch die Wirklichkeit läßt sich nicht in so einfachen Formeln erfassen. Es gibt viele Grenzfälle, in denen wir uns ernstlich fragen, ob wir einen nasalen Tubus oder eine intravenöse Infusion liegenlassen sollen – oder ob wir damit nur die letzte Leidenszeit um ein paar Wochen oder Monate verlängern. Das schönste Krankenhaus für die Pflege solcher Patienten ist wahrscheinlich das St. Christopher Hospice in London, das von Frau Dr. Cecily Saunders geleitet wird. Ihren Patienten, die zum größten Teil Krebs im Endstadium haben, erleichtert man die Zeit durch angemessene Schmerzbekämpfung; mechanische Apparaturen gibt es in diesem Krankenhaus nicht, ebensowenig Beschränkungen im Essen oder in der Besuchszeit. Die bei uns oft erörterten Probleme stellen sich also nicht in dieser englischen Klinik, weil hier die „wahre Medizin" angewandt wird. Die Kranken sind von Liebe, Glauben und ausgezeichneter medizinischer und emotionaler Hilfe umgeben, und das alles hilft ihnen zu leben, bis sie sterben.

Warum versuchen wir, Patienten mit „scheußlicher Diät und schrecklichen Behandlungsmethoden" am Leben zu erhalten, wenn wir doch wissen, daß der Tod schon sehr nahe ist?

Wir halten die Patienten deshalb auf diese Weise am Leben, weil wir hoffen, dadurch eine Besserung herbeiführen zu können, so daß der Patient noch ein paar Monate oder Jahre ein ziemlich normales Leben führen kann. Wenn ein Kranker voll von Krebsgeschwülsten ist und uns eine neue Chemotherapie angeboten wird, kann uns das veranlassen, die neue Behandlung anzuwenden, in der Hoffnung, es dem Patienten leichter zu machen und seinen Tod hinauszuschieben. Wir wenden sie auch an, um festzustellen, ob ein bestimmter Krebs auf die neue Methode anspricht, denn dann können wir sie vielleicht später bei anderen Patienten in einem früheren Krankheitsstadium anwenden. Manchmal ist es sehr schwer, zu sagen, ob die Nebenwirkungen und die Behinderungen durch die Behandlung schwieriger und schmerzhafter als die natürliche Krankheit sind oder nicht. Die Frage bleibt bestehen, ob sich solche Behandlungen wirklich zum Segen des Kranken auswirken oder nur angewendet werden, weil wir selbst das Bedürfnis haben, etwas zu tun, und nicht imstande sind, den Tod des Patienten hinzunehmen.

Wie denken Sie über Euthanasie?

Ich lehne scharf jede Form des Gnadentodes ab, aber ich bin dafür, daß der Patient seinen eigenen Tod sterben darf, ohne daß man den Prozeß des Sterbens künstlich verlängert.

Hat die Gesellschaft das Recht, jene, die vom Schicksal oder von Gott zum Sterben bestimmt sind, am Leben zu erhalten? Spielen wir nicht Gott? Was denken Sie darüber?

Ich glaube nicht, daß wir Menschen künstlich am Leben erhalten sollten, wenn sie keine reaktionsfähigen menschlichen Wesen mehr sind. Vielleicht kann man da von „Gott-Spielen" reden, doch ich glaube, es ist die Pflicht des Arztes, einen Menschen in einem wahrhaft lebensfähigen Zustand zu erhalten. Dazu mag Gott dem Arzt das Wissen und die Weisheit gegeben haben. Ich bin durchaus dagegen, Wesen am Leben zu erhalten, die nur als Organsysteme funktionieren, und das auch nur dank einer Apparatur, an die sie angeschlossen sind.

Was ist mit einem Patienten, der in Ihrem Beisein stirbt? Wann würden Sie versuchen, ihn wiederzubeleben?

Wenn es für ihn irgendeine Aussicht auf ein sinnvolles Dasein gibt, das wenigstens zu einem gewissen Grad aus sich selbst existieren kann, wenn wenigstens die Fähigkeit, menschliche Gefühle auszudrücken und aufzunehmen, bestehen bleibt, sollte man alle Mittel zur Wiederbelebung einsetzen. Beim Tode eines von Krebs gequälten Patienten würde ich dies jedoch nicht tun.

Hat der Patient selbst das Recht, zu bestimmen, wann die Apparatur abgeschaltet wird?

Ja, es sollte das Vorrecht des Kranken sein, zu entscheiden, wann er nicht mehr bereit ist, eine Verlängerung des Lebens mitzumachen, die vielleicht nicht nur sinnlos erscheint, sondern auch große Kosten verursacht.

Im Hinblick auf den Tod von Präsident Truman: Wie stehen Sie zu der allgemeinen Meinung, daß solche Leute der Öffentlichkeit gehören und daß ihr Leben (auch gegen ihre persönlichen Wünsche) verlängert werden müsse, weil der Öffentlichkeit gegenüber eine „Verpflichtung" bestehe, sie am Leben zu erhalten?

Es ist tragisch, daß Menschen in herausragender Stellung oft mehr als andere leiden müssen. Es ist unmenschlich, und es ist unentschuldbar, wenn wir den Sterbeprozeß so hinauszögern wie bei Präsident Truman und Eleanor Roosevelt. Die Ärzte tun es sicher in gutem Glauben, aber es ist kein Dienst am Kranken.

Wie denken Sie darüber, daß man Menschen in Krankenhäusern mit Hilfe von Maschinen am Leben erhält, obwohl sie todkrank sind oder nur eine sehr geringe Aussicht auf Besserung haben?

Ich glaube, daß jeder Patient, der noch eine Aussicht auf Besserung hat, jede technische Hilfe erhalten sollte, über die wir verfügen. Patienten, die jenseits medizinischer Hilfe sind und deren Organe nur noch dank der Maschinen funktionieren, bringt diese Art von Manipulierung keinen Segen, und wir sollten den Mut finden, zu erkennen, wann sie eingestellt werden muß.

Wenn der Kranke selbst nicht in der Lage ist, zu entscheiden, ob außergewöhnliche Mittel zur Verlängerung des Lebens eingesetzt werden sollen – wer ist dann verantwortlich? Was geschieht, wenn die Angehörigen nicht zustimmen können?

Der Patient sollte immer den Ausschlag geben. Liegt er im Koma oder hat er nicht das rechtsfähige Alter erreicht, muß meistens die Familie die Entscheidung treffen. Kann sie nicht zustimmen (und im Fall von Kindern dürften die Eltern nicht zu so einer entsetzlichen Entscheidung aufgefordert werden), sollte ein Behandlungsteam zusammentreten und die Entscheidung als Gruppe fällen. Dazu gehören im Idealfall der behandelnde Arzt, jeder Spezialist, der hinzugezogen wurde, ein Geistlicher, die Schwestern, der Fürsorger und ein beratender Psychiater. Das Team sollte nicht nur die Bedürfnisse des sterbenden Patienten in Betracht ziehen, sondern auch die seiner Angehörigen. Handelt es sich um ein Kind, fragen wir einander, ob wir die Behandlung fortsetzen würden, wenn es unser Kind wäre. Haben sich alle Beteiligten einhellig gegen den Einsatz außergewöhnlicher Mittel ausgesprochen, legen wir den Angehörigen unsere Entscheidung vor. Wir fragen sie nicht nach ihrem Entschluß, sondern erklären ihnen, daß nur ein sehr nachdrückliches Veto von ihrer Seite uns von unserer Entscheidung abbringen könnte. Wenn es sich um ein Kind handelt, hat die Familie später, nach seinem Tod, nicht noch zusätzliche Schuldgefühle zu bewältigen, und der Gedanke stellt sich nicht ein: „Wenn wir noch mehr Behandlungsmethoden verlangt hätten, wäre Susi noch am Leben." So können die Eltern in der Phase von Entsetzen und Zorn uns – aber nicht sich selbst – den Tod des Kindes zum Vorwurf machen. Wenn die Angehörigen eines Kranken, der im Koma liegt, nicht zustimmen können, versuchen wir, die Entscheidung in einer Gruppe zu treffen, die nicht nur das professionelle Team, sondern auch Familienmitglieder umfaßt.

Würden Sie bitte kurz über ihre Einstellung zu Ärzten sprechen, die das Leben eines Patienten mit Hilfe besonderer künstlicher Apparaturen zu verlängern suchen und sich weigern, ihm das Sterben zu gestatten?

In solchen Fällen handelt es sich um Ärzte, die zum Heilen, Behandeln, Verlängern des Lebens ausgebildet worden sind, aber keine Ausbildung erhalten haben, wie sie mit todkranken Patienten umgehen müssen. Man hat sie gelehrt, daß ein sterbender Patient sozusagen ein Versagen bedeutet. Sie selbst haben meistens eine unbewältigte Furcht vor dem Tod und fühlen sich sehr unbehaglich, wenn „ihnen ein Patient stirbt". Es braucht Verständnis, Geduld und Kommunikation, um diesen Ärzten bewußt zu machen, daß sie dem Kranken nicht helfen und auch ihre eigenen inneren Konflikte auf diese Weise nicht lösen können.

Wenn ein Mensch die Phase der Zustimmung zu seinem bevorstehenden Tod erreicht hat, weil er nicht glaubt, psychisch noch länger seine körperliche Krankheit ertragen zu können, kann man ihm dann gestatten, zu sterben, statt sein Leben zu verlängern, nur damit er eben noch weiterlebt? Er wünscht, daß ihm das Sterben erlaubt wird. Wie kann man die Angst überwinden, daß man als Todkranker hilflos wird und seine Würde verliert? Dazu auch die Angst, zur Last für jedermann zu werden?

Viele Kranke haben die Phase der Zustimmung erreicht, haben den Wunsch ausgedrückt, bald zu sterben, und waren imstande, Gelassenheit und Würde bis zum letzten Augenblick zu bewahren. Wenn die Wünsche des Kranken erfüllt werden, wenn er aufrichtig geliebt worden ist, wird er keine Angst haben, allen zur Last zu fallen.

Was würden Sie tun und wie würden Sie einem Freund antworten, der, erfüllt von Entsetzen durch die Aussicht auf einen lähmenden Schlaganfall, nicht zur Ruhe kommen konnte, bis man ihm versicherte, man würde ihn barmherzig von seinem Elend erlösen, falls er körperlich oder geistig zu hilflos sei, um selbst sein Leben zu beenden?

Ich würde ihm nicht versprechen, ihn von seinem Elend zu erlösen, weil ich dazu nicht fähig wäre. Ich könnte ihm nur versprechen, daß ich ihm helfen würde, trotz seinem hilflosen Zustand zu leben, bis er stirbt.

Wie hilft man Menschen, die sich schämen, am Leben zu sein, die glauben, das Leben nicht zu verdienen – weil sie auf irgendeine Weise anders sind? Und hat man angesichts der Bevölkerungskrise das Recht, kranken Leuten das Sterben zu erlauben, indem man ihnen die Medizin vorenthält?

Ich glaube, daß Menschen, die sich zu leben schämen, weil sie eine Behinderung haben oder sich sonst von den übrigen unterscheiden, fachkundige seelische Hilfe brauchen. Diese Welt hat genügend Platz und sollte genügend Liebe haben, um

Menschen zu akzeptieren, die anders als die übrigen sind. Überbevölkerung darf niemals ein Anlaß sein, Menschen zum Sterben zu verhelfen, indem man ihnen Medikamente oder andere Behandlung vorenthält – täten wir das, steckten wir bald wieder in einer neuen Nazi-Gesellschaft.

Wie nähern Sie sich einer Familie, die das Leben ihres Kranken verlängert sehen möchte, während er selbst nur die Erlaubnis zum Sterben erbittet?

Das ist viele, viele Male der Fall. Es bedeutet, daß der Kranke die Phase der Zustimmung erreicht hat, die Familie aber noch nicht, daß die Angehörigen vielleicht noch in den Phasen von Nichtwahrhabenwollen, Zorn, Verhandeln verharren. In solchen Fällen wenden Sie Ihre Zeit und Mühe an die Familie und helfen ihr, das Unbewältigte zu bewältigen, damit sie dem Patienten gestatten kann, zu sterben, „den Dingen ihren Lauf zu lassen".

Halten Sie es für eine bloße Verlängerung des Sterbens, wenn der bewußtlose Patient noch durch eine Infusion ernährt wird?

Das hängt zum großen Teil vom Kranken ab. Ich habe viele bewußtlose, im Koma liegende Patienten gekannt, die intravenös ernährt werden mußten und heute wieder gesund, glücklich, tätig umhergehen. Wenn ein Patient lange Zeit bewußtlos war und in sehr tiefem Koma lag, würde ich raten, wiederholt seine Hirnströme zu messen, um festzustellen, ob er wirklich noch lebt oder nur durch eine Maschine „lebendig" erhalten wird, und in diesem zweiten Fall würde ich natürlich die intravenöse Zufuhr abstellen.

Sie sprachen von der Schwierigkeit der Frage, wo ein Patient sterben sollte – zu Hause, wie er es möchte, oder in einem Krankenhaus, einer teuren „medizinischen Werkstatt", wo sein Leben durch Infusionen und andere Mittel verlängert werden kann. Sollten wir, die Mediziner, das Leben einer dahinvegetierenden Person wirklich verlängern? Wäre es nicht barmherzig, sie sterben zu lassen? Der Fall Präsident Truman ist ein gutes Beispiel für diese Frage.

Ja, ich glaube, zur Zeit sind die meisten von uns noch viel zu unsicher nicht nur bei der Erörterung der Frage, wo ein Patient sterben soll, sondern auch, wo wir unsere anderen schwierigen Kranken unterbringen sollen. Wir müßten den Patienten selbst fragen, ob er lieber nach Hause gebracht werden oder im Krankenhaus bleiben möchte, wo er allerdings wohl leichter als zu Hause gepflegt werden kann, vor allem dann, wenn es wie meistens an Gemeindekrankenpflegerinnen fehlt, an Ärzten, die Hausbesuche machen, oder Leuten, die Nachtwachen übernehmen und so fort. Wenn die Familie aber ausreichend unterstützt würde, möchten nach meiner Erfahrung wohl die meisten Patienten lieber zu Hause sterben, und ich würde alles menschenmögliche tun, ihnen dabei zu helfen.

Lassen Sie den Patienten selbst entscheiden, wann er sterben möchte, oder fahren Sie fort, ihm Medikamente zu geben und ihm bis an sein Ende zu helfen?

Ich gebe nur soviel Medizin, wie nötig ist, damit er möglichst wenig leidet. Ich helfe dem Kranken bis an sein Ende, doch wenn er weitere Dialyse oder chirurgische Eingriffe ablehnt, die sein Leben um ein paar Wochen, vielleicht auch Monate verlängern könnten, habe ich dafür Verständnis.

Was kann man einer alten, sterbenden, krebskranken Frau sagen, die von dem Wunsch geradezu besessen ist, nach Hause zu kommen? Wir haben die Situation überprüft – sie kann unmöglich zu Hause sein.

Sie sollten sich in ihre Lage versetzen und ihr aufrichtig erklären, warum es unmöglich ist, sie nach Hause zurückkehren zu lassen. Vielleicht muß sie lernen, das als Realität zu begreifen. Wenn aber die Gründe nicht ganz stichhaltig sind, können Sie vielleicht mit der Aussicht auf zusätzliche Hilfe – etwa die einer Gemeindepflegerin – der Familie helfen, ihre Ängste und Bedenken zu überwinden, und sie davon überzeugen, daß sie gut daran täte, ihre Mutter zum Sterben nach Hause zu holen. Die Familie braucht nur genügend Unterstützung und jemanden, an den sie sich in schwierigen Fragen wenden kann.

Viele Patienten möchten zu Hause sterben oder sind mehr oder weniger aus finanziellen Gründen und wegen der Einweisungsverfahren in die Krankenhäuser dazu gezwungen. Auch die Familie des Kranken wünscht es vielleicht. Würden Sie sich bitte dazu äußern, auf welche Weise die im Gesundheitswesen Tätigen solchen Kranken und ihren Familien helfen – oder auch nur zu einer Entscheidung verhelfen können?

Ich bin sehr dafür, den Kranken das Sterben im eigenen Heim zu erlauben. Nicht nur wegen der finanziellen Probleme, sondern auch, weil die meisten Patienten lieber in ihrer eigenen vertrauten Umgebung sterben möchten, als ihr Leben in einem Krankenhaus künstlich verlängert zu wissen, wo sie auch nur begrenzt Besuche empfangen können. Falls Sie einer Familie die Vorteile klarmachen können, die sich ergeben, wenn die letzten Tage oder Wochen daheim verbracht werden, können sich viele Angehörige für die Möglichkeit oder Durchführbarkeit solcher Lösung durchaus entscheiden. Wir müssen mehr Familienpfleger ausbilden, wir brauchen mehr Schwestern und Ärzte, die ins Haus kommen, bevor man solche Lösungen für viele Patienten ins Auge fassen kann.

Wenn sich ein Patient jenseits medizinischer Hilfe befindet, zum Sterben nach Hause möchte und auch heimgebracht wird, ist das nicht eine Form der Euthanasie?

Gewiß, wenn Sie Euthanasie mit „guter Tod" übersetzen, darunter aber nicht den „Gnadentod" verstehen. Es bedeutet nichts weiter, als daß wir dem Kranken gestatten, in Frieden und Würde, in seiner eigenen vertrauten Umgebung zu sterben, und ich bin jedesmal stolz, wenn ich es ermöglichen kann.

Glauben Sie, daß wir jemals einem Menschen erlauben werden, in Würde zu sterben, statt sein Leben unter allen Umständen durch Apparaturen zu verlängern?

Ich glaube trotz allem Unbehagen angesichts dieser außergewöhnlichen Mittel und lebensverlängernder Prozeduren, daß die große Mehrheit der Menschen ohne Apparatur stirbt, und ich hoffe, daß es so bleiben wird.

Was empfinden Sie angesichts der bevorstehenden Gesetzgebung über die Euthanasie?

Ich finde es traurig, daß solche Fragen gesetzlich geregelt werden müssen. Meiner Ansicht nach sollten wir unser menschliches Urteilsvermögen einsetzen und unsere eigene Angst vor Sterben und Tod begreifen. Dann könnten wir die Wünsche des Kranken respektieren und auf ihn hören und hätten all diese Probleme nicht.

Ein intelligenter junger Mann mit „brillianten Zukunftsaussichten" erkrankt plötzlich an totaler Lähmung der Arme und Beine. Steht es ihm frei, zu beschließen, ob er weiterleben will, wenn nur sein Gehirn noch arbeitet, und sollte man ihm erlauben, mit Würde zu sterben? (Das heißt, daß man alle lebensrettenden Maßnahmen unterläßt und die Medikamente absetzt.)

Ich glaube, jeder junge Mann, der sich in dieser elenden Lage befindet, braucht so viel Hilfe, wie sie nur erreichbar ist, um Mittel und Wege zu erkennen, noch als vollwertiger Mensch tätig zu sein. Es gibt in unseren Krankenhäusern für chronisch Kranke und in unseren Kliniken viele Patienten, die an Tetraplegie leiden. Wenn Sie einige von ihnen besuchen und sehen würden, was sie alles tun können, würden Sie erstaunt einsehen, daß sie in ihrem Dasein einen Sinn erkennen und noch produktiv sind. Solange ihr Gehirn arbeitet, solange sie noch denken, Augen und Ohren gebrauchen und sich mitteilen können, sollten sie jede nur erdenkliche Hilfe erhalten, die ihnen beweist, daß ihr Leben noch sinnvoll und schön sein kann. Ich würde solche Patienten mit anderen zusammenbringen, die eine Krise dieser Art durchgemacht und Wege und Mittel gefunden haben, um tätig zu sein. Wir dürfen lebensrettende Maßnahmen nicht einstellen, solange das Gehirn des Kranken arbeitet. Das ist meine persönliche Meinung.

Wer sollte darüber entscheiden, wie lange man eine Rettungsapparatur verwendet – der Patient, die Familie, der Arzt, die Gesellschaft? Muß jeder Fall individuell betrachtet werden, oder gibt es brauchbare allgemeine Kriterien? Welche Faktoren müssen in Betracht gezogen werden – die Bedürfnisse der Familie, die Qualität des Lebens, die Kosten?

Solange der Kranke seine Bedürfnisse noch ausdrücken kann, halte ich es für angebracht, eine Rettungsapparatur anzuwenden, denn dann ist er noch ein funktionierendes menschliches Wesen. Wenn er es nicht mehr ist, wenn er sich nicht mehr ausdrücken kann, haben Familie, Arzt und Vertreter eines interdisziplinären Teams sich zusammenzufinden und einen gemeinsamen Beschluß zu fassen. Jeder Fall muß für sich beurteilt werden. Ich glaube nicht, daß wir brauchbare allgemeine Kriterien haben, es sei denn für die Definition des Todes, wie sie Henry Beecher im *Harvard Report* aufgestellt hat.

Spielen wir nicht Gott, wenn wir Patienten nicht sterben lassen und statt dessen immer neue Medikamente an ihnen ausprobieren, um sie am Leben zu erhalten?

Ein Kind, das früher vielleicht an Kinderlähmung gestorben wäre, bleibt nun am Leben, weil es vorbeugende Medizin erhält; eine alte Frau, die früher an Lungenentzündung gestorben wäre, kann nun mit Antibiotika gerettet werden. Heißt das „Gott spielen"?

Was sagen Sie dem Patienten, der das Pflegepersonal ernsthaft um den Gnadentod bittet?

Ich muß zuerst herausfinden, warum er die gegenwärtige Situation nicht mehr erträgt. Vielleicht sind seine Schmerzen unerträglich; dann muß ich die Schmerzbekämpfung verstärken. Falls ihn die Familie im Stich gelassen hat, versuche ich, mich mit ihr in Verbindung zu setzen. Ist er ein Mann, der immer unbedingt über sein Leben selbst bestimmen wollte und es nicht erträgt, keine Macht über sein Sterben zu haben, dann helfe ich ihm dadurch, daß er gewisse Prozeduren selbst bestimmen kann, vielleicht auch seine Kost, vielleicht die Zeit, in der er ein Bad nimmt, oder die Zahl der Besucher, die er im Krankenhaus empfängt. Das gibt ihm das Gefühl, noch viele Dinge selbst zu bestimmen. Wenn er sich aus der Klinik entlassen läßt oder wenn er seine Medikamente nicht nimmt, hat er das Recht dazu, und falls er nicht geistig krank ist, müssen wir uns seiner Entscheidung beugen. Ist er geistig krank, würden wir natürlich eine psychiatrische Konsultation verlangen und versuchen, ob wir seine emotionale Gestimmtheit so verbessern können, daß er zu einer vernünftigen und seinen eigentlichen Wünschen entsprechenden Entscheidung kommt.

Wenn ein Patient die Phase der Zustimmung erreicht hat und wenn die Familie sich ebenfalls mit seinem Tod abfinden kann, warum soll man dann nicht die Maschinen abschalten, die den Patienten „lebendig" erhalten? Was kann die Familie tun, damit der Kranke in Würde stirbt, wenn das Krankenhaus immer noch sein Leben zu verlängern wünscht?

Die Familie des Patienten kann jederzeit eine Konsultation verlangen, sie kann ihn auch in eine andere Klinik oder nach Hause bringen lassen. Der einfachste – aber nicht immer erfolgreiche – Weg ist es wohl, mit dem behandelnden Arzt so zu sprechen, daß er die vom Kranken und seinen Angehörigen getroffene Entscheidung akzeptieren kann.

Ich bin nicht für die Euthanasie im Zusammenhang mit unheilbaren Krankheiten. Doch an welchem Punkt sollten die Ärzte beschließen, die Verlängerung des Lebens durch lebensrettende Methoden und Medikamente aufzugeben? Ich denke an die finanzielle Last, die unvermeidlich auf die Hinterbliebenen zukommt und manchmal nicht zu bewältigen ist.

Wir haben ein paar allgemeine Regeln herausgefunden, die wir oft als Leitgedanken verwenden, wenn wir vor solchen Entscheidungen stehen. Hat der Patient die Phase der Zustimmung erreicht und ist auch die Familie innerlich gelassen, bittet der Kranke oft von sich aus, alle lebensverlängernden Prozeduren einzustellen. Wir pflegen dieses Verlangen in den meisten Fällen zu erfüllen, vor allem dann, wenn wir mit Bestimmtheit wissen, daß der Kranke keine Aussicht auf Heilung oder Besserung hat. Das bedeutet natürlich nicht, daß wir mit der notwendigen Flüssigkeitszufuhr aufhören, ihm die notwendige körperliche Pflege und Schmerzbekämpfung versagen. Wir erörtern zu diesem Zeitpunkt auch mit den Angehörigen die Frage, ob man den Patienten nach Hause bringen kann, damit er in vertrauter Umgebung stirbt. Wenn die Familie Anweisungen erhalten hat, wie Injektionen verabreicht werden, wenn eine Gemeindeschwester zur Verfügung steht und ein Arzt sich zu gelegentlichen Hausbesuchen versteht, sind die meisten Familien durchaus imstande, solche Patienten sehr gut zu versorgen.

Wo wird am besten für unsere sterbenden Patienten gesorgt?

Eine Frau, deren Mann an Krebs stirbt, möchte, daß es im Krankenhaus geschieht, damit ihre beiden Kinder „nicht den Tod erleben müssen". Der Mann hat sich deutlich dagegen ausgesprochen, wieder in eine Klinik eingeliefert zu werden. Was kann ich tun, damit die Frau ihre Einstellung ändert? Sie will nicht einmal die Diagnose zur Kenntnis nehmen oder mit den Kindern über den bevorstehenden Tod sprechen.

Ich weiß zwar nicht, wie alt die Kinder sind, befürworte es aber nachdrücklich, daß die Kranken zu Hause sterben dürfen und daß die Kinder diese letzten Wochen oder Tage mit ihrem Vater verbringen. Es ist aber wichtig, daß Sie sich nicht über die Frau ärgern, die offenbar nicht bereit ist, den bevorstehenden Tod ihres Mannes hinzunehmen. Wenn Sie für die Frau wirklich sorgen und ihr helfen können, ihre Angst auszudrükken, daß „ihr Mann sie und die Kinder verläßt", dann können Sie ihr vielleicht auch dazu verhelfen, der Wirklichkeit ins Auge zu sehen, so daß sie – mit zusätzlicher Unterstützung durch eine Gemeindekrankenpflegerin und mit einigen Hausbesuchen des behandelnden Arztes – es ihrem Mann ermöglichen kann, zu Hause zu sterben.

Sollten wir sterbende Patienten ermutigen, zu Hause bei ihren Angehörigen zu bleiben, und zwar in ihrem eigenen Interesse wie in dem der Familie und auf eine Art, die allen Beteiligten gerecht wird?

Ja, wenn die Familie einverstanden ist, den Kranken nach Hause zu holen, und wenn ausreichend Hilfe verfügbar ist. Die meisten Kranken möchten lieber zu Hause sterben, und das würde ich unterstützen.

Würden sich Todkranke leichter mit dem bevorstehenden Tod abfinden, wenn man ihnen gestattete, in ihrem eigenen Zuhause, von ihrer Familie umgeben, zu sterben und nicht in einer Klinik?

Die meisten Patienten ziehen es vor, zu Hause zu sterben, doch einige möchten lieber ins Krankenhaus, Mütter etwa, die ihre Kinder nicht dem Erleben der Endphase aussetzen möchten; auch Leute, die sehr einsam waren und kaum familiäre Bindungen haben, sterben lieber in einer Anstalt. Jeder Fall muß gesondert beurteilt werden, und wenn ein Kranker es vorzieht, in einer Anstalt zu sterben, sollten Sie nicht auf Entlassung drängen. Die meisten unserer Kranken wollten aber lieber daheim sterben, und wir haben jede nur mögliche Anordnung getroffen, um ihren Wunsch zu erfüllen.

Sollte man sterbende Patienten absondern? Ich meine, ob man spezielle Pflegehäuser oder auch Stationen für todkranke Patienten einrichten sollte.

Es spielt keine Rolle, ob sterbende Patienten auf eine besondere Station gebracht werden oder mit anderen Patienten, die gesund werden können, zusammenliegen. Viel wichtiger ist die gefühlsmäßige Einstellung des Pflegepersonals zu diesen Kranken. Die allgemeine Atmosphäre spielt eine größere Rolle als der Ort. Wir haben spezielle Einheiten für Schwerkranke, vor allem aber Pflegeheime für sie als außerordentlich hilfreich entdeckt, und zwar nicht sosehr, weil die Patienten dort abgesondert werden, sondern weil man sich zur Pflege die dafür besonders Geeigneten einzeln heraussuchen und so ein Pflegepersonal zusammenstellen kann, das sich in der Gegenwart sterbender Patienten nicht unbehaglich fühlt, sondern für eine Atmosphäre voller Freundlichkeit, Akzeptierung, Fürsorge und Hoffnung sorgt. Die Pflegenden werden zuweilen Spezialisten im Umgang mit Todkranken und können die Sterbenden körperlich, seelisch und geistig in einem erträglichen Zustand erhalten.

Wünschen sich alle Patienten eine bestimmte Art von Umgebung für die Sterbezeit? Und wie ist es mit der Familie?

Nicht alle Patienten sind bei Bewußtsein, nicht alle fähig, ihre Meinung auszudrücken, wenn die Stunde des Sterbens gekommen ist. Deshalb ist es so wichtig, daß wir unsere Vorstellungen und Wünsche für die Betreuung in unserer letzten Lebenszeit festlegen, solange wir noch jung und gesund sind. Die meisten unserer Patienten wären gern zu Hause gestorben; nur sehr wenige, vor allem die Eltern kleiner Kinder, ziehen den Tod im Krankenhaus vor, aus dem Bedürfnis heraus, die Kinder vor der traurigen Wirklichkeit zu bewahren. Nach unserer Meinung nimmt man damit aber den Kindern eine wesentliche Voraussetzung zur Bewältigung des Erlebnisses, das der Tod eines Elternteils für sie bedeutet.

Wie steht es mit einem Kranken, der seinen Tod hinzunehmen bereit ist und ihn zu Hause abwarten möchte? Gibt es dazu eine Möglichkeit, auch wenn der Arzt und die Familie nicht damit einverstanden sind?

Kein Patient wird nach Hause gebracht werden können, wenn Arzt und Familie nicht einverstanden sind. Wer sollte ihn pflegen, wenn die Angehörigen nicht dazu bereit sind? In solchem Fall würde ich Seelsorger, Schwestern und Fürsorger zusammenholen und versuchen, der Familie den bevorstehenden Tod begreiflich zu machen und ihr Hilfe für den Fall anzubieten, daß sie den Kranken nach Hause holt. Sind die Angehörigen nicht dazu bereit, bleibt und stirbt der Patient besser im Krankenhaus.

Wie kann man sich unheilbar Kranken nähern und ihnen helfen, die in einer Ambulanzabteilung betreut werden? Wir haben eine Tumorklinik, und der Patient kennt seine Diagnose.

Mir scheint, daß der Warteraum in einer Tumor-Klinik schon von selbst eine sehr gute Möglichkeit zu ungezwungenen Zusammenkünften bietet, ebenso zu zwanglosen Gruppenveranstaltungen. Hier steht nicht nur für ängstliche und nervöse Patienten ein ausgebildetes Personal zur Verfügung, sondern unter den Kranken selbst vollzieht sich eine Art Gruppentherapie. Manche haben die ganze Aufregung schon mitgemacht und sind gern bei der Hand, den Neulingen zu helfen, die sich noch nicht an die schwierigen Wartezeiten in einer Tumor-Ambulanzabteilung gewöhnt haben. Wenn man nebenan ein Zimmer für Verwandte und Patienten einrichten kann, die sich über private Dinge aussprechen möchten, wäre wohl ein Fürsorger oder ein Berater außerordentlich hilfreich.

Welche Rolle spielt die Gruppentherapie für todkranke Patienten und ihre Angehörigen?

Wir haben keine Erfolge gehabt, wenn wir Kranke in ihrer letzten Lebensphase zu einer regelrechten Gruppentherapie zusammenführten. Man kann, wenn man todkrank ist, nicht etwa am Freitagnachmittag von 15 bis 16 Uhr über das Sterben sprechen. Es gibt Tage, an denen sich die sehr schwer Kranken über freundlichere Dinge des Lebens unterhalten möchten, so daß man keinen Stundenplan für Gespräche über den Tod aufstellen kann. Die Patienten befinden sich außerdem in verschiedenen Phasen. Unsere Erfahrungen sind also nicht ermutigend. Es ist etwas anderes, wenn man etwa eine Gruppe aus Eltern von Kindern mit Leukämie bildet; hier hat sich die Gruppentherapie sehr bewährt, vor allem, weil die gleiche Erkrankung im Hintergrund steht.

Probleme der Hinterbliebenen

Wie hilft man einer Mutter, die sich nicht überwinden konnte, mit ihrem sterbenden Kind zu sprechen, und sich nun, wo es nicht mehr lebt, mit Vorwürfen quält?

Ich glaube, daß wir alle, die wir einen geliebten Menschen verloren haben, die Augenblicke kennen, in denen wir uns selbst mit der Frage quälen, ob wir manches nicht hätten besser machen können. In unserer Gesellschaft wird sich außerordentlich selten eine Mutter finden, die gelassen genug ist, um mit ihrem sterbenden Kind über seinen Tod zu sprechen. Sie sollten sich mit ihr in Verbindung setzen und ihr zur Verfügung stehen, wenn sie darüber sprechen möchte. Fällt es ihr ganz besonders und lange Zeit hindurch schwer, ihren Schmerz zu bewältigen, braucht sie vielleicht Beratung durch einen Fachmann.

Ich möchte wissen, wie man die Familie eines älteren Mannes behandelt, der nach langem Krankenhausaufenthalt an Anämie gestorben ist. Die Familie sitzt die ganze Nacht bei ihm in einem kleinen, ländlichen Krankenhaus; er stirbt morgens um 4.30 Uhr. Seine Frau darf noch eine Weile bei ihm bleiben, bis ihr Sohn sie wegführt. Das Personal beginnt nun „mit der normalen Routine", dem Waschen und Herrichten der Leiche, die in ein Laken gehüllt und in den Leichenraum gebracht wird; es handelt sich um eine Kleiderablage, in die man eine Tragbahre gestellt hat. Nun kommt die Frau um 6.45 Uhr zurück, um den Toten noch einmal zu sehen, doch man schlägt ihr den Wunsch ab wegen des Zustandes, in dem sich die Leiche befindet. Sollte man es ihr in solchem Fall nicht doch erlauben? Sollte man die Leiche wieder enthüllen und in das Zimmer zurückbringen?

Ich halte es für wichtig, der Familie genügend Zeit einzuräumen, noch bei dem verstorbenen Angehörigen zu bleiben. Wenn die Familie dann zum Fortgehen bereit ist, können Sie fragen, ob sie die Absicht hat, in Kürze noch einmal zurückzukommen. Erklären Sie, was jetzt vorgenommen werden muß, geben Sie den Angehörigen noch etwas mehr Zeit oder erlauben Sie ihnen, falls sie ihre Absicht ändern, noch einmal zurückzukommen. Sie werden wissen, daß die Leiche dann eingehüllt ist; wenn sie trotzdem darauf bestehen, könnten Sie einen Wärter bitten, den Toten noch einmal zu enthüllen, um der Familie zu helfen, den Tod zu erfassen. Wenn Sie eine gute Verbindung zum Beerdigungsunternehmer haben, können Sie ihn bitten, mit den Angehörigen zu sprechen und sie später, wenn alle notwendigen Vorbereitungen getroffen worden sind, in die Leichenhalle kommen zu lassen.

Sollten Schwestern, Pfleger, Krankenhauspfarrer ihre innere Bewegung zeigen, wenn ein Patient stirbt?

Ich sehe nicht ein, warum sie das nicht tun sollten.

An welchem Punkt wird der Schmerz eines Hinterbliebenen zur krankhaften Reaktion? Ich versuche, einer Frau zu helfen, der ihr Hausarzt riet, „es nun gut sein zu lassen", doch sie selbst meint, nur ein Psychiater könnte ihr aus ihren Schuldgefühlen helfen. Sie bekam nämlich Streit mit ihrem Ehemann, und er starb plötzlich. Nun ist sie völlig niedergeschlagen. Ich würde ja gern mit ihr darüber sprechen, aber was kann ich gegen den Arzt ausrichten? Ich bin nur Krankenschwester und ihre Nachbarin.

Ich muß erst auf Ihre letzte Bemerkung eingehen, ehe ich Ihre Frage beantworte. Sie sagen: „Ich bin nur Krankenschwester und ihre Nachbarin", doch ich verstehe nicht, warum sich Krankenschwestern oder Nachbarinnen in dieser Beziehung unterschätzen sollten. Ich habe mehr Patienten sterben sehen, denen eine Schwester als denen ein Arzt oder sonst jemand zur Seite stand, und ich weiß nicht, wie es meinen Hunderten von Patienten gehen würde, wenn nicht die Schwestern und die Seelsorger da wären. Eine Krankenschwester, die mitfühlt und die Frau offenbar gern hat, kann ihr wahrscheinlich besser helfen als der Arzt, der da rät, „es nun gut sein zu lassen", denn der Rat ist töricht, wenn die Schuldgefühle so stark sind, daß sie es nicht einfach gut sein lassen *kann*. Vielleicht braucht sie fachkundige Beratung, um das Gefühl zu überwinden, sie „habe ihren Ehemann umgebracht". In der Zwischenzeit sind Sie selbst der eine Mensch, der ihr beistehen, ihr zuhören und sie sich aussprechen lassen kann. Sie werden ihr weit mehr helfen als jemand, der einfach alles unter den Teppich kehren möchte.

Wenn Sie von der Familie des Patienten gefragt werden: „Hat er große Schmerzen gelitten?" oder „Nannte er meinen Namen, ehe er starb?", antworten Sie dann wahrheitsgemäß?

Ich würde einem Angehörigen nicht erzählen, der Patient habe seinen Namen genannt, wenn es nicht zutrifft. Fragt man mich, ob der Patient sehr gelitten habe, und ich muß die Frage bejahen, dann erkläre ich: „Ja, er hatte Schmerzen, aber wir haben unser Bestes getan, um es ihm zu erleichtern", wenn es die Wahrheit ist. Sie sollten den Angehörigen keine Lügen auftischen, denn sie werden die Schwindelei heraushören und dann erst recht in Aufregung geraten, weil sie sich nun den Vorgang viel schlimmer vorstellen, als er wirklich war.

Wenn sich die Familie einer Krebskranken geweigert hat, die Tatsache zu erkennen, daß ihre Mutter sterben mußte – wie kann man ihr dann, wenn die Mutter gestorben ist, helfen? Wie erleichtert man es den Angehörigen, darüber zu sprechen, wenn es ihnen immer noch schwerfällt?

Manchmal dauert es Monate oder ein Jahr, bis die Familie imstande ist, darüber zu sprechen. Sie können ihr nur klarmachen, daß Sie erreichbar sind und zur Verfügung stehen, falls sie darüber reden möchte. Vielleicht werden die Angehörigen den Weg zu Ihnen finden, sobald sie darauf eingestellt sind, das Unbewältigte mit einem Freund zu teilen.

Wenn die Phasen des Sterbens, die Ihr Buch Interviews mit Sterbenden *beschreibt, von der Familie vor dem Tod ihres Angehörigen nicht bewältigt wurden, wie gehen Sie dann nach dessen Tod mit ihr um? Wie kann es nun noch durchlebt werden?*

Die Familie muß nach dem Tod ihres Angehörigen alle Phasen zum zweitenmal durchmachen.

Sollte jemand, der beruflich mit Todkranken zu tun hatte, seine Bewegung zeigen, wenn der Patient stirbt? Haben Sie zu Beginn Ihrer Arbeit viele Tränen vergossen?

Ich vergieße immer noch viele Tränen.

Eine Frau versprach ihrem Ehemann ein paar Tage vor seinem Tod, daß sie bei ihm sein werde, wenn er sterbe. Sie war dann aber doch nicht dabei. Nun fühlt sie sich schuldig und bereut ihr Versprechen. Wie kann sie damit fertigwerden?

Sie müssen sich zu ihr setzen und zuhören, wenn sie ihren Schmerz und ihre Empfindungen wegen des gebrochenen Versprechens äußert. Wir alle haben vielen unserer Patienten versprochen, bei ihnen zu sein, wenn die letzte Stunde kommt, und dann verbrachten wir das Wochenende mit der Familie und vernahmen am Montagmorgen, unser Patient sei gestorben. Solche Mitteilung wiegt noch schwerer, wenn es sich um einen nahen Angehörigen handelt. Ich glaube, Sie sollten lernen, diese Menschen zu überzeugen, daß sie menschlich, aber nicht übermenschlich sein müssen. Künftig werden wir uns wahrscheinlich vorsichtiger ausdrücken und sagen: „Ich will versuchen, bei Ihnen zu sein."

Könnten Sie bitte etwas ausführlicher darlegen, was man der Familie und den Freunden eines Sterbenden oder soeben Verstorbenen sagen und für sie tun kann? Offensichtlich meint man immer nach der Todesursache suchen zu müssen. Warum ist das notwendig?

Ich glaube nicht, daß es notwendig ist, den Tod zu rechtfertigen. Wir kennen gar nicht in jedem einzelnen Fall die Todesursache. Es ist sehr hart, den Tod als richtig und notwendig hinzunehmen, vor allem den eines Kindes oder jungen Menschen, und das liegt auch an unserem eigenen Verlangen, alles zu begründen und eine Art Sinn im Tod eines geliebten Menschen zu finden. Wir sind schlecht darauf vorbereitet und wissen nicht, was man zu einer so schwer betroffenen Familie sagen soll. So versuchen wir, an dem Todesfall etwas Besonderes zu finden, das die Familie trösten könnte. Doch nach meiner Meinung trösten wir am besten, wenn wir die Hand des Trauernden halten und ihm die eigenen aufrichtigen Empfindungen mitteilen. Wenn Sie die trauernde Familie nicht verlassen, sondern sie auch dann besuchen, wenn Verwandte und Freunde gegangen sind, können Sie gewiß Ihre eigenen echten Gefühle aussprechen und damit der Familie helfen, mit ihrem Schmerz fertigzuwerden.

Wenn der Kranke und die Familie vor dem Tod so weit kommen, das Sterben zu akzeptieren, muß dann die Familie nach dem Tod trotzdem noch eine Zeit der Trauer durchmachen?

Schmerz und Trauer müssen immer ausgetragen werden, aber nicht die Bewältigung der Selbstvorwürfe, der Empfindung: „Ach Gott, hätte ich doch dies oder das getan."

Ich möchte gern Ihre Gedanken über die Trauer hören. Ist es möglich oder gar normal, um einen geliebten Ehemann, mit dem man viele Jahre verheiratet war und der nach sehr langer Krankheit erst vor kurzem gestorben ist, zu trauern, ohne ihn aber wirklich zu vermissen?

Ja, das halte ich für möglich. Nach meiner Meinung kann eine Frau, die ihren Mann in einer langen Zeit der Krankheit umsorgt und den vorbereitenden Schmerz durchlebt hat, um ihn trauern und braucht ihn trotzdem nicht zu vermissen: Das Gefühl des Verlustes ist gepaart mit einer starken Empfindung der Erleichterung, wenn eine lange Krankheit und schweres Leiden überstanden sind.

Wenn ein Kind bald nach dem Tod des Vaters den Friedhof besuchen möchte, kann man dann etwas tun, ihm zu helfen?

Ja, ich glaube, ich würde es ihm nicht ausreden, sondern es zum Friedhof mitnehmen. Mir machen die Angehörigen, die nicht zum Friedhof gehen und ein Gespräch über den Toten vermeiden, mehr Sorgen als diejenigen, die sich der Wirklichkeit stellen und den Friedhof besuchen, um mit ihrem Kummer fertigzuwerden.

Verläuft der vorwegnehmende oder vorbereitende Prozeß des Schmerzes ähnlich oder genauso wie der Prozeß des Trauerns nach dem Tode des geliebten Menschen, falls es keine Phase des vorbereitenden Schmerzes gab?

Ja, nur hat der vorweggenommene Schmerz den Vorteil, daß es immer noch möglich ist, mit dem Todkranken zu sprechen und vielleicht „ungelöste Schwierigkeiten zu bereinigen"; das können wir nicht mehr tun, wenn der Tod eingetreten ist. Die Trauer nach dem Todesfall dauert länger, wenn sie nicht vorweggenommen werden konnte, wenn es sich also um einen plötzlichen, unerwarteten Tod handelte.

Die Beerdigung

Oft bittet uns die Familie um Hilfe bei Beerdigungsangelegenheiten, vor allem dann, wenn ein plötzlicher Tod die Familie in äußerstem Entsetzen, Nichtwahrhabenwollen, in Verwirrung und Zorn zurückgelassen hat. Viele Patienten verlangen zum Schrecken ihrer Angehörigen, daß ihr Körper der medizinischen Forschung zur Verfügung gestellt oder verbrannt werden soll.
Deshalb ist es so besonders wichtig, daß wir bei Lebzeiten und als gesunde Menschen unsere Angehörigen (und die Anwälte) mit unseren Vorstellungen bekannt machen und daß wir unseren letzten Willen bereits niedergelegt haben, ehe Krankheit und Tod eintreten. Dann kann die Familie ohne große innere Aufregung das Für und Wider miteinander erörtern.
Organspenden müssen unmittelbar nach dem Hinscheiden entnommen werden. Die Familie muß also informiert sein, wer nach einem plötzlichen Tode benachrichtigt werden muß, damit der Wunsch des Verstorbenen erfüllt werden kann.
Wenn man die verschiedenen Informationen erst nach dem Todesfall zusammenholt, vergeht oft so viel Zeit, daß nur noch Kompromißlösungen möglich sind, die oft die Familie enttäuschen und viel Geld kosten.

Halten Sie das amerikanische Ritual – Aufbahrung des Toten und großartige Beerdigungen – für sinnvoll?

Ich glaube, die Menschen sollten ihre Wünsche für die Bestattung vorher äußern. Leider gibt es zu viele soziale Zwänge, die zu allzu kunstvollen und kostspieligen und im Grunde überflüssigen Bestattungsriten veranlassen. Wir müssen aber beachten, daß die Beerdigung die Bedürfnisse der Familie und der Verwandten und nicht die des Verstorbenen befriedigen soll. Nach meiner persönlichen Ansicht ist die Aufbahrung der Leiche für die Familie nur dann notwendig, wenn sie auf den Tod nicht vorbereitet war, wenn er also plötzlich eintrat. Unter solchen Umständen ist es wichtig, daß die Familie den Körper des Verstorbenen vor der Bestattung noch einmal sehen kann, um die Wirklichkeit dieses Todes zu begreifen. Andererseits halte ich die Aufbahrung nach einer langen Zeit der Krankheit für ein überflüssiges Ritual. Ich persönlich bin für eine sehr einfache Trauerfeier mit einem geschlossenen Sarg, danach für ein kurzes Zusammensein der Familie und der Verwandten, das Gelegenheit gibt, über den Verstorbenen zu sprechen, Erinnerungen auszutauschen und zusammen eine Mahlzeit einzunehmen. Die kunstvolle, kostspielige Zurschaustellung eines offenen Sarges mit viel Make-up stärkt meiner Meinung nach lediglich die Vorstellung, der Tote schlafe nur, und das wiederum führt zu einer verlängerten Phase des Nichtwahrhabenwollens.

Wie denken Sie über Beerdigungen? Glauben Sie, daß sie den Schmerz nur verlängern, oder können sie zur Phase der Zustimmung führen?

Ich halte ein einfaches Ritual für notwendig, damit die Realität des Todes öffentlich und offen erfaßt werden kann und damit man noch einmal zusammenkommt und Erinnerungen austauscht. Doch das kunstvoll arrangierte, überflüssige Ritual mit seinen unübersehbaren kommerziellen Aspekten verlängert nicht nur den Schmerz der Familie, sondern erhöht noch zusätzlich die oft schon kaum zu bewältigenden Kosten, die einer Familie durch eine lange Krankheitszeit aufgebürdet werden.

Ich führe mit meiner Familie ein Beerdigungsunternehmen. Wir kommen den Menschen, mit denen wir zu tun haben, meistens recht nahe und nehmen uns vor allem Zeit, mit den Kindern zu sprechen und ihnen zuzuhören. Welche Ratschläge für unser Verhalten können Sie uns geben?

Beerdigungsunternehmen haben oft die bei den Angehörigen auftauchenden Gefühle von Schuld und ungelösten Spannungen mißbraucht, um ihre Produkte an den Mann zu bringen und größeren Profit aus dem Geschäft zu schlagen. Diesen Aspekt des Beerdigungswesens verabscheue ich aufrichtig. Es gibt aber Beerdigungsunternehmer, die nicht ausschließlich am Geschäft interessiert sind, sondern sich wirklich um die Familie kümmern, der sie dienen sollen. Ich finde es sehr bedauerlich, daß wir zu so prachtvollen und teuren Beerdigungen neigen, die zu nichts dienen – es sei denn, daß sie vielleicht einen Teil der Schuldgefühle innerhalb der Familie abbauen. Ich glaube, wenn Beerdigungsunternehmer darauf hören, was der Familie wirklich nottut, wenn sie finanzielle Schwierigkeiten und den Wunsch nach Schlichtheit berücksichtigen, können sie sehr hilfreich sein und würden auch in weit besserem Licht stehen.

Emotionale Probleme der Familie und des Pflegepersonals

Gehen die Familien von todkranken Patienten durch die Phasen des Sterbens, wie es der Patient tut – wenn auch nicht zur gleichen Zeit?

Ja. Familienangehörige und Pflegepersonal haben meistens Phasen nachzuholen.

Sie haben von den Angehörigen sterbender Patienten gesprochen und geraten, wie man ihnen hilft, den Verlust hinzunehmen. Doch wie steht es mit den Familien oder einzelnen, die vor dem Tode des geliebten Menschen die Phase der Zustimmung noch nicht erreicht hatten?

Sie werden nach dem Todesfall alle Phasen durchleben.

Wie verhält man sich bei einem Todesfall in der eigenen Familie, wenn zum Beispiel Vater oder Mutter stirbt, wobei man doch gefühlsmäßig selbst so stark beteiligt ist? Kann man dann überhaupt helfen?

Helfen ist möglich, aber freilich viel schwieriger, wenn es um einen eigenen Angehörigen geht. Wenn Sie sich nicht dazu in der Lage fühlen, wenden Sie sich an jemanden außerhalb der Familie, der mit weniger Gefühlsbeteiligung sprechen und wahrscheinlich deshalb besser helfen kann. Es geht wieder um die Frage, wie gelassen Sie selbst sind. Man kann den Punkt erreichen, wo man der eigenen Mutter helfen kann, ihren Tod zu akzeptieren.

Erklären Sie bitte, wie man einer Familie helfen kann, ihrem sterbenden Angehörigen beizustehen und doch dabei die eigenen Notwendigkeiten nicht außer acht zu lassen.

Es ist sehr wichtig, daß Sie der Familie helfen, weiterhin ihr eigenes Leben zu leben. Wenn also die Mutter todkrank ist, sollte die junge Tochter oder der Sohn trotzdem Verabredungen treffen oder ins Kino gehen dürfen. Die Angehörigen brauchen Zeit, sich zu erholen, sich „aufzutanken", vor allem dann, wenn sich der Prozeß des Sterbens sehr lange hinzieht. Sonst werden sie leergepumpt, sind seelisch und körperlich erschöpft, bevor der Tod des Kranken eintritt. An Ihnen ist es, ihnen dabei zu helfen und Schuldgefühlen vorzubeugen.

Machen Familie und Freunde dieselben fünf Phasen durch wie der Sterbende?

Ja, jeder, der wirklich mit einem unheilbar Kranken verbunden ist, muß bestimmte Anpassungsstadien durchmachen, wenn nicht vor dem Tod, dann nachher.

Wie bereiten Sie Eheleute, Mütter und Väter auf den Tod eines geliebten Menschen vor?

Damit muß rechtzeitig begonnen werden, wenn die Familie noch in guter Verfassung ist und sich gemeinsam zu der Einsicht durchringen kann, daß jeder von uns sterben muß; dann ist das Erlebnis nicht so erschreckend, wenn der Tod „unerwartet" eintritt.

Wie würden Sie sich Eltern gegenüber verhalten, die vor der Krankenhauseinweisung ihres verheirateten jungen Sohnes, der an einer unheilbaren Krankheit leidet (Lungenkrebs), verlangen, daß man nicht mit ihm über sein Leiden spricht?

Ich würde den Eltern erklären, daß ich es ja mit einem erwachsenen, verheirateten Mann zu tun habe und daß ein Vertrag nur zwischen ihm und mir besteht. Wenn sie weiter verlangen, daß „man ihm nichts sagt", steht es ihnen frei, einen anderen Arzt zu wählen. (Junge Patienten sind oft noch lange über das einundzwanzigste Jahr hinaus von ihren Eltern finanziell abhängig, vor allem in Fällen sehr kostspieliger unheilbarer Krankheiten. Das hat schon vielen unserer jungen Patienten die Möglichkeit genommen, ihren Arzt selbst zu wählen!)

Meine Großmutter ist nicht imstande, über den Tod meines Großvaters und seine Krebserkrankung zu sprechen, obwohl er offensichtlich ein solches Gespräch herbeisehnt. Sie scheint alles nicht wahrhaben zu wollen, während er ganz offen von „diesem ekelhaften Krebs" redet. Da sie aber anscheinend immer zusammen sind, weiß ich nicht, wie ich eine solche Aussprache, die für ihn so nötig wäre, herbeiführen kann. Was kann man in solchem Fall tun?

Wenn Ihre Großmutter ihren Mann nicht alleinläßt, könnten Sie in ihrem Beisein sagen: „Dein Krebs ist schlimm, nicht wahr, Großvater?" Damit geben Sie ihm die Möglichkeit, Ihnen sein Bedürfnis nach einer Aussprache mitzuteilen. Vielleicht wird Ihre Großmutter dann das Zimmer verlassen, weil sie das Thema nicht erträgt, oder gar verlangen, daß Sie es sofort fallenlassen. Dann können Sie ihr antworten, daß der Großvater vielleicht gern darüber sprechen möchte, und er wird es bestätigen.

Wie verhält man sich als Krankenschwester, wenn ein Arzt fast wütend wird, sobald er einen unheilbar Kranken hat? Ich sehe in seinem Zorn ein Zeichen, daß er den Tod des Patienten nicht hinnehmen will, aber wie sollen wir uns ihm gegenüber verhalten?

Statt an Ihrer Stelle nun auch verärgert zu reagieren oder seinen Ärger auf sich selbst zu beziehen, sollten Sie ihn vielleicht eines Tages ansprechen: „Es ist sehr schwer, nicht?" Wenn Sie seine Beklemmungen nachfühlen können, spricht er sich vielleicht aus und bekennt, wie elend ihm zumute ist, wenn er den Tod eines Patienten vor Augen hat, den er doch mit verzweifeltem Bemühen retten möchte.

Weinen Sie jemals mit einem Kranken? Eine Stimme in mir sagt: „Das ist schon ganz recht; wenn es meine ehrliche innere Reaktion ist, darf sie sich auch mitteilen." Doch eine andere Stimme sagt: „Warum weine ich eigentlich?" Vielleicht habe ich meine eigenen Gefühle nicht genügend bewältigt, um Patienten helfen zu können.

Doch, ich habe mit meinen Patienten geweint, und manchmal habe ich Tränen in den Augen, wenn ich spüre, daß es mein letzter Besuch bei einem Kranken ist, den ich lange Zeit betreut habe. Ich glaube nicht, daß unser Beruf verlangt, niemals Tränen in den Augen zu haben. Es geht nicht darum, ob Sie Ihre eigenen Gefühle ausreichend bewältigt haben, sondern darum, wieweit Sie bereit sind, Ihr eigenes Menschentum zu beteiligen.

Sie haben das Beispiel von der Mutter eines sterbenden Kindes erwähnt, die alle Phasen bis zur endgültigen Zustimmung zum Tode erlebte. Ist das typisch für die Leute, die dem Sterbenden nahestehen, und erfahren sie diese Phasen gleichzeitig mit dem Sterbenden, oder vor oder nach ihm?

Die Familienmitglieder bleiben meistens dabei zurück, nur sehr selten sind sie bereits in eine weitere Phase fortgeschritten. Sehr selten auch machen alle gleichzeitig dieselbe Phase durch, und meistens ist es der Kranke, der allen voran ist.

Ich möchte, daß meine Beziehungen zu sterbenden Patienten ausschließlich meine eigenen Ängste vor dem Tod mildern, und ich möchte sie als Mittel benutzen, um selbst die Phase der Zustimmung zu erreichen. Was sagen Sie dazu?

Wenn Sie den Kranken für Ihre eigenen innersten Bedürfnisse „benutzen", können Sie ihm nicht helfen, und Sie werden so wenig erhalten, wie Sie geben.

Im Vergleich zu dem Patienten findet sich die Familie während der Rehabilitation nach einem Unfall oder einer Krankheit – einer Lähmung und/oder einer Amputation – viel langsamer damit ab. Das könnte aber den Patienten beeinträchtigen und hindern, seine Kräfte voll auszuschöpfen. Welche Möglichkeiten gibt es, um der Familie zu helfen, sich mit dem Zustand abzufinden?

Wenn irgendein Patient seiner Familie in den Phasen bis zum Einverständnis mit seinem Schicksal voraus ist, müssen

Sie alle Zeit und Mühe auf die Angehörigen konzentrieren, um ihnen zu helfen, Zorn, Verhandeln, Depression zu bewältigen, damit sie sich auch mit der begrenzten Funktionsfähigkeit oder gar mit dem drohenden Tod ihres Familienmitgliedes abfinden und dem Kranken auf diese Weise mittelbar helfen können. Denken Sie aber daran, in keiner Weise zu drängen, sonst schaden Sie mehr, als Sie helfen.

Wie können wir unserer Familie oder anderen helfen, den Verlust eines geliebten Menschen hinzunehmen, sei es vor oder nach dem Tod?

Indem wir sie täglich lieben, damit keine ungelösten Spannungen übrigbleiben und keine Reue, wenn die Zeit gekommen ist. Wenn Sie mit einer Familie zu tun haben, die gerade einen Todesfall erlitten hat, dann halten Sie sich ihr zur Verfügung und unterstützen sie bei der Bewältigung der Phasen von Zorn und Depression bis zur endgültigen Hinnahme.

Wie verhalten Sie sich zu den Verwandten des Sterbenden? Versuchen Sie, mit ihnen zu reden, freundlich zu sein?

Verwandte von Sterbenden sind genauso menschlich wie die Sterbenden selbst. Manchmal brauchen sie nur die schweigende Gegenwart eines anteilnehmenden Menschen, ohne daß dabei gesprochen werden muß. Manchmal brauchen sie Freundlichkeit, und wenn Sie freundlich für sie fühlen, sollten Sie es merken lassen. Manchmal brauchen sie ein Gespräch über ganz greifbare Dinge wie die Prognose oder die Tests, denen der Patient unterzogen wird. Dann sprechen Sie darüber mit ihnen. Es ist wichtig, die Bedürfnisse der Familie zu erkennen und darauf einzugehen und sich nicht an die vorgefaßte Meinung zu klammern, Ihre Rolle sei es, „nett zu sein".

Sie sagen, daß man seine innersten Empfindungen ehrlich mitteilen soll, und ich stimme Ihnen in den meisten Fällen bei. Schließt das aber auch ein, daß man zu einem Patienten sagt: „Meine Vorstellungen vom Tode ängstigen mich, und ich habe sie noch nicht überwunden."? Ist es richtiger, erst mit sich selbst ins reine zu kommen und dann mit dem Kranken zu sprechen?

Jeder, der zugeben kann, daß er Angst vor seinen eigenen Vorstellungen vom Tode hat und sie noch nicht bewältigen konnte, und der das gelassen aussprechen kann, ist nicht vor Schrecken erstarrt. Ich habe viele meiner eigenen Zwiespältigkeiten und Beklemmungen Patienten mitgeteilt und sie dadurch oft ermutigt, mir ihre eigenen Ängste anzuvertrauen. Ich glaube, wir übertreiben unsere Sorge, etwas Falsches zu tun oder zu sagen. Sobald der Kranke merkt, daß Sie wirklich Anteil nehmen und daß auch Sie menschlich sind und menschliche Nöte zu bestehen haben, wird er sich entspannter fühlen und viel eher imstande sein, die eigenen Empfindungen mitzuteilen.

Woher sollen wir wissen, wie wir eines Tages unseren eigenen Tod hinnehmen werden? Wir haben Ihren Fragebogen* beantwortet. Hilft das zur Klärung, oder wissen wir im Grunde nichts, bis wir es erleben?

Ich glaube, wir können nur vermuten, wie wir unser eigenes Sterben bewältigen werden, sicher sind wir niemals, bevor wir nicht davorstehen. Doch es kommt eine Zeit, in der man so gelassen darüber denkt, daß man es sich ziemlich genau vorstellen kann.

Was können wir tun, um uns weniger vor dem Leiden zu fürchten?

Die Frage ist schwer zu beantworten. Ich glaube, eine Möglichkeit, Ihre Angst vor dem Leiden zu überwinden, läge darin, eine Weile bei Menschen zu verbringen, die eine Krise durchmachen, und ihnen zu helfen. Dabei werden sich nach und nach Ihre eigenen Ängste mildern.

Wie kann man lernen, den Tod hinzunehmen, ehe er unmittelbar bevorsteht?

---

* Alle Teilnehmer unserer Seminare über die Pflege todkranker Patienten erhalten einen Fragebogen. Ein Zweck dieses Fragebogens ist es, den Studenten ihre eigenen Erlebnisse mit dem Tod ins Bewußtsein zu rufen und ihre eigenen Gedanken auf dieses Thema zu richten.

Man sollte sehr früh damit beginnen, und zwar mit Besuchen in Pflegeheimen, in Krankenhäusern für chronisch Kranke und Todkranke, aber auch mit dem Nachdenken über den eigenen Tod. Dazu gehört, daß man sein Testament aufsetzt und solche Fragen in der Familie erörtert, lange bevor man erkrankt. Kinder sollten Kranke besuchen und bei Beerdigungen anwesend sein dürfen. In unseren Krankenhäusern und Pflegeheimen sollten die Schilder mit der Aufschrift „Zutritt für Kinder unter 14 Jahren verboten" verschwinden.

Wie kann man als Angehöriger eines medizinischen Berufs, der sich bei der Betreuung sterbender Patienten sehr unbehaglich fühlt, mit dem Prozeß von Tod und Sterben fertigwerden?

Dafür gibt es mehrere Möglichkeiten. Ich glaube, der erste Schritt ist das Eingeständnis, daß man sich unbehaglich fühlt – wie Sie es taten, als Sie die Frage stellten. Der zweite Schritt: Man sollte mit Leuten ins Gespräch kommen, die auf dem Gebiet der Thanatologie arbeiten, um zu entdecken, was einen so befangen macht. Ich glaube, wir alle fühlen uns zu Beginn unserer Berufstätigkeit sehr unbehaglich, aber je mehr Zeit wir mit solchen Patienten verbringen, um so gelassener werden wir. Psychiatrische Beratung könnte Licht auf das Unbehagen werfen. Wen es in seiner beruflichen Arbeit behindert, der sollte besser ein Fachgebiet wählen, in dem er wenig mit sterbenden Patienten zu tun hat – vielleicht Dermatologie, Ophthalmologie oder ähnliches.

Wenn ich an die Angst vor dem Tode denke, glaube ich, daß es sich im Grunde um die Angst vor dem Unbekannten handelt. Sie sagten, daß die meisten Leute vor der Heirat ebenfalls vor etwas Unbekanntem stehen; doch da kann man mit anderen Leuten reden, die verheiratet sind, man kann sie nach ihrer Ehe fragen. Wir können es nicht, wenn es sich um den Tod handelt. Er ist etwas, das wir niemals kennen werden, bis es uns selbst zustößt. Auch im besten Falle genügen unsere Vorstellungen nicht.

Das ist wahr. Aber ich glaube nicht, daß die Angst vor dem Tod wirklich Angst vor dem Unbekannten ist. Auch Menschen, die eine sehr konkrete Vorstellung vom Leben nach dem Tode haben und fest daran glauben, fürchten sich vor dem Sterben und durchleben dieselben Phasen.

Auf welche Weise kann der Mensch, der mit dem Sterbenden spricht, am besten mit dem Problem seiner eigenen „Todesfurcht" fertigwerden?

Nach meiner Meinung sollten sich Menschen, die von Berufs wegen die todkranken Patienten zu betreuen haben, zunächst um Kranke kümmern, die nicht zu ihrer eigenen Altersgruppe gehören. Wenn Sie eine junge Studentin der Aufgabe aussetzen, ein todkrankes Mädchen ihres eigenen Alters zu betreuen, ist sie vielleicht zu sehr erschüttert, um wirklich von Nutzen zu sein. Hat sie aber erst einmal ein paar gute Erfahrungen hinter sich – vielleicht mit älteren Leuten oder Patienten des anderen Geschlechts –, wird sie erkennen, daß die Aufgabe nicht so schwierig ist und daß der todkranke Patient ihr oft hilft, sich mit der eigenen Angst vor dem Tod auseinanderzusetzen. Langsam, nach und nach, sollte sie dann imstande sein, auch Menschen ihres Alters und Geschlechts zu betreuen. Niemand hilft einem besser, die eigenen Ängste zu überwinden, als der sterbende Patient.

Kann sich die Auseinandersetzung mit dem Gedanken an den eigenen Tod durch ein ständiges Gewahrwerden der eigenen Empfindungen vollziehen? Oder gibt es so etwas wie einen theoretischen Rahmen, an den man sich halten kann? Ich habe das Gefühl, ins Schwimmen zu geraten und Hilfe zu brauchen, um zu erkennen, welche Richtung ich einschlagen muß. Ich habe wenig Beziehung zu Sterbenden, die mir helfen könnten.

Es gibt viele Möglichkeiten, uns mit unserem eigenen Tod auseinanderzusetzen. Zunächst müssen wir uns natürlich täglich bewußt sein, daß unser Leben nicht ewig währt. Wir können Literatur und Poesie lesen oder über den Tod nachsinnen, der uns auf vielerlei Weise in Musik, Drama, Kunst nahegebracht wird. Wir können Pflegeheime, Anstalten für Geisteskranke und Krankenhäuser besuchen, um uns daran zu erinnern, daß unser Leben nicht nur ein beständiger Frühling ist. Und wir können in Gruppen mit Freunden oder Leuten, in deren Gegenwart wir uns wohlfühlen, darüber sprechen, um so unseren eigenen Standpunkt zu erarbeiten. Die Religion sieht den Tod in einem viel breiteren Zusammenhang, und wer religiös bestimmt ist, kann helfen, den Sinn des Lebens und damit den Sinn des Todes zu überdenken. Wir haben aber in den Vereinigten Staaten überall Arbeitsgemeinschaften über die Themen Tod und Sterben, in denen versucht wird, die Diskussion und das Nachdenken auf dem Gebiet der Thanatologie anzuregen; sie stehen nicht nur beruflich Interessierten, sondern auch Laien offen, die ebenfalls ja eines Tages vor dem Tod stehen werden.

Wie würden Sie einen Menschen beraten, der vielleicht nach einem Herzanfall jeden Augenblick in Lebensgefahr schwebt?

Die Erkenntnis unserer eigenen Endlichkeit sollte jeder von uns anstreben, lange bevor wir krank werden und vielleicht einen unheilbaren Herzschaden erleiden. Wenn wir schon in der Jugend lernen können, unsere Endlichkeit hinzunehmen, sind wir auf den Tod vorbereitet, wenn er eintritt. Wenn aber ein Patient niemals über seinen Tod nachgedacht hat und sich von einem Herzanfall erholen soll, kann es richtiger sein, nicht darüber zu sprechen, bis er nicht selbst das Thema aufgreift. Ein Gespräch darüber könnte vielleicht mit der Frage beginnen: „War es sehr schrecklich?"

Sie haben in Ihren Vorträgen und in Ihrem Buch Interviews mit Sterbenden *sehr überzeugend die Phasen der Annäherung an den Tod dargestellt, und doch bleibt für mich die Frage: Wie zwingt man sich selbst, seiner Sterblichkeit ins Auge zu sehen? Entwickelt sich diese Erkenntnis, falls wir danach streben, wenn wir mit Kranken und Sterbenden zu tun haben? Welche Folgen entstehen schließlich aus solcher gefühlsmäßig und intellektuell gewonnenen Erkenntnis? Ist sie uns überhaupt erreichbar, bevor wir sterben?*

Es gibt viele Wege, sich mit der eigenen Sterblichkeit vertraut zu machen. Da ist einmal der Umgang mit schwerkranken und sterbenden Patienten, mit denen man sich identifiziert, die man durch alle Phasen begleitet, bis sie ihrem Tod zustimmen können. Ich glaube, daß wir jedesmal, wenn wir es auf der emotionalen und der intellektuellen Ebene durchhalten können, dem Einverständnis mit unserer eigenen Sterblichkeit nähergekommen sind. Wir haben Patienten getroffen, die sich die Phase der Zustimmung in Jahren des Leidens errungen haben, Menschen, die ein hartes, schweres Leben führten, Verluste hinnehmen mußten und so oft schon durch alle Phasen hindurchgegangen sind, daß sie die der Zustimmung erreichten, bevor sie selbst krank wurden. Eine dritte Möglichkeit bietet sich uns, wenn wir schon die Kinder in Altenheime und Krankenhäuser führen, um mit ihnen über das Sterben sprechen zu können; wir sollten auch unser Testament aufsetzen und darüber im Familienkreis sprechen, damit jeder auf die Möglichkeit gefaßt ist, daß wir alle einmal unvermutet sterben können. Wenn Kinder auf diese Weise herangebildet werden, akzeptieren sie auch den Tod als Teil des Lebens und brauchen nicht erst dann durch alle Phasen zu gehen, wenn sie von unheilbarer Krankheit betroffen werden. Für Menschen, die auf dem Land aufgewachsen sind, gehören oft Geburt und Tod einfach zum Leben, weil sie beides von früher Kindheit an miterlebt haben.

Wie bereitet man sich auf die Betreuung sterbender Patienten vor?

Man besucht sie, sitzt bei ihnen, hört ihnen zu und lernt von ihnen.

Können Sie etwas über die Technik sagen, mit der man einem Patienten helfen kann, die Phasen des Sterbens zu bewältigen? Oder soll man einfach nur anwesend sein und ihm erlauben, seine Fortschritte nach eigenem Rhythmus zu machen?

Sie helfen ihm einfach, nach seinem eigenen Rhythmus fortzuschreiten, und das tun Sie am besten, wenn Sie sich mit Ihrer eigenen, persönlichen Angst vor dem Tod auseinandersetzen.

Ich bin Krankenpflegerin in der Ausbildung, und manche Patienten sprachen zu mir über ihre Angst vor dem Sterben. Ich hätte ihnen so gern geholfen, aber ich fühlte mich ganz unzulänglich. Ist das normal?

Sehr normal.

Muß jemand, der an einem Sterbenden starken inneren Anteil nimmt, selbst durch alle Phasen des Sterbens hindurchgehen – jedesmal, bei jedem Patienten? Oder tritt er auf einer bereits vorgeformten Stufe in die Beziehung ein?

Wir gehen nicht mit jedem Patienten durch alle Phasen, sondern nur mit denen, die uns wirklich am Herzen liegen. Obwohl ich glaube, für mich selbst die Phase der Zustimmung erreicht zu haben, mache ich oft eine kurze Zeit des Zorns und der Depression mit meinen Patienten durch, wenn sie sich in diesen Phasen befinden.

Wie wirkt die innere Bewegtheit des Therapeuten, wenn er sie auch nach außen hin zeigt, auf den sterbenden Patienten?

Wenn der Therapeut seine Emotionen zeigt, wirkt es wie eine Arznei: Das richtige Maß an Medizin kann im rechten Augenblick Wunder wirken, doch zu viel ist ungesund, und zu wenig ist verhängnisvoll.

Welche Rolle spielen die Fürsorger der Familie und dem sterbenden Patienten gegenüber?

Wir unterscheiden nicht streng zwischen den Angehörigen der verschiedenen helfenden Berufe. Wir möchten nicht, daß sich der Seelsorger nur um die religiösen oder geistigen Bedürfnisse der Patienten kümmert, daß der Psychiater sich nur der emotionalen Nöte annimmt, der Arzt nur der körperlichen Bedürfnisse. Fürsorger haben sich in ihrer übernommenen Aufgabe vor allem mit der Familie und ihren wirtschaftlichen Sorgen befaßt. In unserer interdisziplinären Arbeitsgemeinschaft über Tod und Sterben haben wir die Rollen oft vertauscht. Wer immer sich zu einem bestimmten Familienmitglied oder einem bestimmten Patienten hingezogen fühlt, wird automatisch sein Helfer werden. Viele Male hat sich eine Fürsorgerin sehr wirksam mit einem sterbenden Patienten befaßt, weil sie eine sinnvolle, gute Beziehung zu ihm fand, und der Seelsorger hat sich der sozialen, auch der finanziellen und emotionalen Bedürfnisse der Familie angenommen. Die Fürsorger sind ein sehr wichtiger, wesentlicher Teil unseres Teams, und als interdisziplinäre Gruppe sollten wir zusammen über genügend Hilfsmöglichkeiten verfügen, um allen Bedürfnissen der sterbenden Patienten und ihrer Familien gerecht werden zu können.

Andere Probleme
des Krankenhauspersonals

Ärzte, Krankenschwestern, Geistliche, Fürsorger und andere Angehörige der helfenden Berufe haben bis vor kurzem wenig Hilfe und Ausbildung in der Betreuung schwerkranker oder todkranker Patienten erhalten. Unser Seminar „Über Tod und Sterben" wurde 1966 eingeführt und war damals das einzige interdisziplinäre Seminar im Lande, in dem die unterschiedlichen Heil- und Pflegeberufe mit der Behandlung sterbender Patienten vertraut gemacht wurden. Man darf sich also nicht wundern, daß auch heute vom Krankenhauspersonal immer noch viele Fragen über diesen besonderen Aufgabenbereich gestellt werden. Viele scheuen davor zurück, „sich allzusehr innerlich zu beteiligen", andere fürchten, es könnte „zuviel Zeit" an sterbende Patienten gewendet werden, während sie so notwendig für andere Kranke gebraucht werde, die noch genesen können. Die meisten möchten gründlicher helfen, wissen aber nicht, was zu sagen und zu tun ist.
Das belastendste und immer wieder vorgebrachte Problem ist das von Autorität und Kommunikation, das Zutrauen zueinander, das gegenseitige Vertrauen. In der Hierarchie der Medizin war es früher ausschließlich Aufgabe des Arztes, den Patienten über Diagnose und Behandlung zu unterrichten – durchaus zufriedenstellend, als der Arzt noch eine enge Beziehung zu seinem Kranken hatte, oft die Familie gut kannte und sich die Zeit nehmen konnte, sich zu ihm zu setzen und ihm zu sagen, was er wissen mußte. In der modernen Medizin, bei der wachsenden Bevölkerungsdichte der Städte und der steigenden Spezialisierung stirbt dieser alte Typ der Beziehung von Arzt und Patient aus. Wir wissen alle, daß die Patienten in unseren großen Ausbildungs-Kliniken von Dutzenden von

Ärzten, Stationsärzten, Assistenten und Praktikanten und einer noch größeren Zahl von Pflegenden rund um die Uhr aufgesucht werden, ohne daß die geringste persönliche Beziehung zu einem von ihnen entstehen kann. Je größer die Zahl der „betreuenden Personen" ist, um so geringer die Kommunikation und um so schwieriger die Entscheidung, wer sich jeweils um die unterschiedlichen Bedürfnisse des Kranken zu kümmern hat.

Krankenschwestern haben früher den größten Teil ihrer Arbeitszeit mit der unmittelbaren Pflege des Kranken verbracht. Jetzt sind sie überlastet mit dem Ausfüllen von Formularen und ähnlichem, mit der Kontrolle moderner, komplizierter Apparaturen und mit der Weitergabe von Informationen an die nächste Arbeitsschicht.

In diesem immer feiner ausgeklügelten System kann es vorkommen, daß der Stationsarzt weniger wichtig ist als die von ihm festgestellten Elektrolyte; vielleicht kennt er die Blutwerte seines Patienten, weiß aber nicht, daß dessen Kind erkrankt ist – und wie wenig wissen wir über die Vorstellungen des Patienten vom Tode oder über seine religiöse Überzeugung!

Die Schwierigkeiten für das Krankenhauspersonal werden mit der Größe der Krankenhäuser wachsen, mit der steigenden Zahl von Spezialisten und dem Eindringen immer neuer, modernerer Ausstattung (die aus der Schwester eine Art Mechaniker macht). Wir können den Trend nicht verlangsamen, doch wir können ab und zu innehalten und uns fragen, *warum* wir das tun, was wir tun: Dienen wir der Anstalt, den Wünschen eines bestimmten Chefs – oder tun wir wirklich das alles für den Kranken?

Wir könnten ebenfalls unsere Beschwerden über die Mitarbeiter einmal beiseite schieben und uns für einen Augenblick mit ihnen identifizieren, damit wir ihre Ängste und Nöte besser erkennen. Jeder von uns braucht ab und zu eine Schulter, an der er sich ausweinen kann; wir alle brauchen ein „Heulzimmer", um unseren Empfindungen gelegentlich freien Lauf zu lassen. Wenn wir einander unsere Bedürfnisse und Gefühle, unsere Enttäuschungen und Freuden mitteilen, kann sogar eine große Ausbildungsklinik ein Ort zur Selbstverwirklichung und zur besseren interdisziplinären Zusammenarbeit werden.

Wie begegnet man einem Arzt, der sich weigert, mit dem Patienten vom Tod zu reden?

Sie müssen wohl die Entscheidung des Arztes respektieren, doch niemand kann Ihnen verbieten, sich zum Kranken zu setzen und ihm zuzuhören. Vielleicht wird er Ihnen dann mitteilen, ob er sich seiner eigenen Endlichkeit bewußt ist. Das gilt für jeden Angehörigen der helfenden Berufe, für die Geistlichen, die Schwestern, die Freunde, die Fürsorgerinnen.

Warum fällt es vielen Ärzten so schwer, sich mit dem Tod ihrer sterbenden Patienten abzufinden?

Es führt zu den größten Schwierigkeiten, daß wir unsere Ärzte vier Jahre lang in medizinischen Instituten zum Heilen, Behandeln, Lebenverlängern ausbilden. Die einzige Anweisung, die sie für den Fall von Tod und Sterben erhalten, gilt der Anforderung einer Autopsie. Deshalb ist es nur zu verständlich, daß sie „Patienten, die ihnen sterben", oft als ihr eigenes Versagen empfinden, falls sie nicht darin unterwiesen worden sind, ein guter Arzt auch für die Kranken zu sein, die nicht mehr zu heilen sind.

Was sagen Sie einem Patienten, wenn mitten in der Nacht kein Arzt, kein Medizinalassistent, kein Fürsorger oder Seelsorger kommen will?

Dann gehe ich selbst zu ihm.

Wie können die Klinikangehörigen für die Betreuung sterbender Patienten und ihrer Familien ausgebildet werden?

In jeder Klinik sollte man Seminare, Arbeitsgemeinschaften, Besprechungen veranstalten, bei denen die Probleme unheilbar Kranker erörtert werden und die Angehörigen des Krankenhauses ihre eigenen Gefühle, Enttäuschungen und Ängste aussprechen können, damit sie als Team gemeinsam versuchen, die Probleme in den Griff zu bekommen.

Wie sollen sich die Schwestern gegenüber sterbenden Patienten und/oder ihren Familien verhalten, wenn es sich um ein kleines, privates Krankenhaus handelt, in dem der leitende Arzt alle Verantwortung für die Pflege selbst beansprucht, aber weder mit den Patienten noch ihren Familien über das Endstadium spricht?

Irgend jemand unter den Angehörigen des Krankenhauses könnte sich etwas Zeit für den leitenden Arzt nehmen und eine Begründung für seine „totale Verantwortung" erbitten. Vielleicht ist ihm gar nicht bewußt, daß er einen Teil seiner Last auf die Schwestern, den Seelsorger, die Fürsorgerin abladen kann, falls sie bereit wären, den Beteiligten bei der Auseinandersetzung mit einer unheilbaren Krankheit zur Seite zu stehen. Am besten bespricht man dieses Problem im Team; dazu sollte auch der Verwaltungsdirektor des Krankenhauses eingeladen werden – ein wichtiger Mann, den man leider allzuoft vergißt.

Wenn es angebracht ist, greifen Sie doch bitte das folgende Problem auf: Wie kann das Pflegepersonal einem Patienten helfen, der täglichen Tests zur Erforschung der Krankheitsursache unterzogen wird? Er zeigt keine eindeutigen Symptome einer körperlichen Erkrankung, doch die Tage werden zu Wochen, und die endgültige Diagnose lautet: „Ätiologie unbekannt." Angefügt ist noch die Feststellung: „Warten und beobachten." Soll man sich auch hier so verhalten, wie Sie es für den Umgang mit Todkranken empfehlen?

Jeder Patient, im Grunde jeder Mensch, der eine Krise erlebt – der sein Seh- oder Gehvermögen verliert oder nicht zu Hause bleiben kann, weil er in einer Klinik auf die Ergebnisse von Tests und auf das endgültige Urteil warten muß –, macht dieselben Phasen durch; zuzeiten ist er verärgert oder deprimiert, oder er beginnt zu verhandeln. Wenn man nicht weiß, was ihm eigentlich fehlt, steckt oft ein psycho-somatisches Problem dahinter, und der Kranke sollte im Zusammenhang der gesamten Untersuchung auch von einem Psychiater beurteilt werden. Der Psychiater könnte ihm dann helfen, sich mit dem langen, kostspieligen Krankenhausaufenthalt und den endlosen Tests abzufinden, denen der Patient selbst keine erkennbaren Ergebnisse entnehmen kann.

Das einzige Mal, wo ich (als Medizinstudent) erlebt habe, daß man sich auf einer Station über die Problematik des Sterbens Gedanken machte, fiel nur das Wort DNR (do not resuscitate – „nicht wiederbeleben"). Doch ich glaube, daß damals die Entscheidung eher zugunsten der Ärzte und des Pflegepersonals getroffen wurde. Was würden Sie für eine solche Situation empfehlen?

Ich glaube, jeder Fall in einer Intensivabteilung sollte von dem gesamten Team erörtert werden, und dazu gehören neben den beteiligten Ärzten auch die Schwester, die Fürsorgerin und der Geistliche. Die Entscheidung muß als gemeinsamer Beschluß gefaßt werden, und zwar unter Berücksichtigung der Wünsche von Patient und Familie.

Was antworte ich einem Patienten, wenn er sagt: „Sie kommen zehn Minuten zu spät mit der Medizin. Sie haben wohl eine Kaffeepause gemacht?"

Sie können dem Patienten sicher begreiflich machen, daß Sie ihm nachfühlen können, wie schwer es sein muß, im Bett zu liegen und voller Schmerzen auf die Medizin zu warten. Wenn Sie sich tatsächlich verspätet haben, können Sie sich entschuldigen, ihm sagen, Sie hätten sich eine Pause gegönnt, und es täte Ihnen leid. Wenn Sie ihm zeigen, daß Sie seine Aufregung verständlich finden, wenn Sie Ihren Fehler ruhig zugeben, werden Sie zu einer sehr viel angenehmeren Beziehung zu ihm kommen, und er wird auch Ihre Bedürfnisse anerkennen, selbst dann, wenn es sich um eine Kaffeepause handelt. Und beim nächsten Mal werden Sie Ihren Kaffee mehr genießen, nachdem Sie dem Patienten seine Medizin gebracht haben.

Welche Möglichkeiten zur Hilfe können Sie mir nennen, wenn ein Patient keine Familie oder engeren Freunde hat und von einer Anstalt zur anderen, von einer Station auf die andere abgeschoben wird?

Ich glaube, Sie kennen meine Antwort. Es ist eine traurige Tatsache, daß die meisten Leute, die keine Angehörigen haben, oft immer wieder verlegt werden. Doch es gibt einige Krankenhäuser, in denen solche Kranke willkommen sind und gut betreut werden. Nach meiner Meinung müßten wir bei einem System, wie es bei uns herrscht, für einen solchen Kranken einen Freund suchen, der ihn besucht, gleichgültig, in welche Anstalt oder Station er gebracht wird. Sie selbst könnten dieser Freund sein.

Ich bin Nierenfacharzt und gehöre einem Team zur Behandlung von Patienten mit chronischem Nierenversagen an; sie erhalten dreimal wöchentlich eine Dialyse. Manche dieser Kranken empfinden unsere „Hilfe" aber eher als eine Verlängerung des Sterbens und nicht als Verlängerung des Lebens. Einige reagieren mit „geballter Ablehnung", wie ich es einmal nennen möchte. Sie „vergessen" ihre Medizin oder halten sich nicht an die für sie ausschlaggebenden Diätvorschriften. Das Dialyse-Team sieht sich sozusagen hin- und hergerissen zwischen zwei gegensätzlichen Engagements: Einerseits möchte man dem Kranken seine Empfindungen nicht verübeln (denn die Ablehnung dient ja einem Zweck), andererseits hat man das Bedürfnis, den Patienten zu helfen, damit sie besser auf sich aufpassen. Was können Sie uns raten?

Dialyse-Patienten sind oft sehr schwierig, und solche Probleme tauchen häufig bei ihnen auf. Jeder Patient, der sich so heftig wehrt oder vergißt, seine Medizin zu nehmen, ist ein Kandidat für das, was wir als passiven Selbstmord bezeichnen. Manche Patienten sind so niedergeschlagen, daß sie jede Hoffnung aufgeben. Auf einer inneren Waage wägen sie all die Anstrengungen, Behinderungen und Kosten gegen die Qualität ihres gegenwärtigen Daseins ab. Mit allen Kranken, die solches Verhalten zeigen, sollte man reden. Ich rate dem Behandlungsteam, sich mit ihnen zusammenzusetzen und von Zeit zu Zeit gemeinsam neu zu bedenken, was das Team tut und was der Patient tut; auf solche Weise kann man den Versuch zu gegenseitigem Verständnis machen. Sehr oft ist das Dialyse-Team nicht imstande, die Grenzen der Belastbarkeit eines Patienten hinzunehmen, und überkompensiert dann mit der Erweckung unrealistischer Hoffnung. Dann hat man Kranke mit gesteigerter Selbstmordquote.

Ich wüßte gern Ihre Stellungnahme zu der Situation in einer Klinik, in der schwer oder lebensgefährlich Verletzten der Besuch Ihrer Angehörigen nicht erlaubt wird, wenn es ihnen besonders schlecht geht. Gestattet sind Karten, Briefe, Telefonanrufe und Kassettenrekorder.

Telefonanrufe, Karten, Briefe und Kassettenrekorder sind Hilfsmittel, können aber niemals die warme, liebevolle Gegenwart der Person ersetzen, die in solcher kritischen Phase die Hand des Verletzten hält. Ich glaube, daß solche Einschränkungen zu unserer eigenen Bequemlichkeit gemacht werden. Gewiß, Patienten mit schweren Verletzungen oder Brandwunden tut es nicht gut, wenn immerzu Besucher kommen und gehen. Doch nach meiner Meinung sollte es einem der nächsten Angehörigen erlaubt sein, ohne Einschränkungen bei einem Schwerkranken zu bleiben, weil gerade oft der geliebte Mensch dem Patienten den Mut gibt, weiterzukämpfen; er hilft ihm vielleicht, endgültig „durchzukommen". Ich bin gegen begrenzte Besuchszeiten, sogar in der Intensivstation, wenn sich ein Patient in kritischem Zustand befindet oder dem Tode nahe ist. Die Begrenzung auf fünf oder zehn Minuten in jeder Stunde ist unmenschlich, nicht nur für den Schwerkranken, sondern auch für die Familie, die voller Angst und Aufregung in einem Wartezimmer sitzt und weiß, daß es sich vielleicht um den letzten Lebenstag ihres Angehörigen handelt.

Sprechen Sie bitte über die Rolle des Seelsorgers für Sterbende.

Ich habe Hunderte von Todkranken interviewt und betreut, und ich weiß nicht, wie ich diese Arbeit ohne die Hilfe des Anstaltsgeistlichen hätte leisten sollen. Er ist oft der einzige Mensch, den die Familie ins Zimmer läßt, weil sie entweder den Besuch des Psychiaters nicht wünscht oder fürchtet, daß ein Außenstehender mit dem Patienten „über das Sterben reden" könnte. Nur sehr wenige Leute weisen den Geistlichen ab. Seine besondere Aufgabe liegt natürlich auf geistlichem Gebiet, er betet mit den Kranken, er gibt ihnen die Sterbesakramente, wenn es gewünscht wird, er beantwortet Fragen, die sich auf die Religion beziehen. Der Seelsorger sollte ein unentbehrliches Mitglied in jeder Arbeitsgruppe sein, die sich um die totale Betreuung des Patienten kümmert. Wir haben sehr oft Kranke gehabt, die einen Priester brauchten, obwohl sie nicht katholisch waren, und ein Rabbiner konnte einem Protestanten helfen, „weil sie sich mochten". Wir haben die Seelsorger nicht nur für den konfessionellen Bereich hinzugezogen, sondern als unentbehrliche Mitarbeiter unseres interdisziplinären Teams, und zwar mit sehr befriedigenden Ergebnissen.

Warum oder wie muß man sich mit der Apparatur – wie etwa einem Monitor – abfinden, durch die man nur von den Menschen ferngehalten wird? Ich überwachte als Privatpflegerin einen Herzmonitor und weiß jetzt, daß ich den Patienten selbst hätte überwachen sollen. Er starb mir nach nur drei Stunden.

Ich meine, daß wir die Krankenschwestern lehren müssen, sich so auf die sterbenden Patienten einzustellen, daß sie auch wieder „abschalten", sich lösen können, wenn sie die Intensivabteilung oder die Krebsstation verlassen. Es ist unmöglich, mit innerlicher Anteilnahme acht bis neun Stunden täglich Todkranke zu pflegen, wie man es von den Schwestern der Intensivstation erwartet. Die einzige Möglichkeit, ihre Aufgabe zu bewältigen, ist, sie immer unpersönlicher, mechanischer, also unmenschlicher zu erledigen. Eine für meine Vorstellungen ideale Klinik würde die Schwestern in der Intensivstation täglich nur vier Stunden arbeiten lassen. Dann wären sie fähig, sich persönlich für ihren Patienten einzusetzen, während sie natürlich gleichzeitig Beatmungsgeräte und Monitoren zu kontrollieren hätten. Die übrige Arbeitszeit könnten sie in einer guten Kleinkinderabteilung oder mit schriftlichen Arbeiten verbringen, um sich von dieser sehr erregenden und erschöpfenden Arbeit zu erholen. Niemand kann einen Menschen neun Stunden am Tag überwachen. Wir müssen uns an unsere Grenzen halten, und das gilt nicht nur für die Betreuer sterbender Patienten, sondern vor allem für die Krankenpflegerinnen in Intensivstationen.

Welche beruflichen Voraussetzungen braucht ein Mitglied des Teams, das in der von Ihnen beschriebenen Weise vorgeht? Kennen Sie im Gebiet von New York Krankenhäuser, die an solcher Betreuung ihrer sterbenden Patienten interessiert sind?

Immer mehr Menschen interessieren sich für Sonderabteilungen oder besondere Kliniken und Pflegehäuser, die wie das Hospice von Dr. Cecily Saunders in London sterbende Patienten betreuen. Als eine neue, noch im Bau befindliche Anstalt nenne ich Ihnen das Hospice, Inc., Cold Spring Street, New Haven in Connecticut. Hier versucht man, den Kranken auf die denkbar beste Weise zu helfen; wahrscheinlich ist es eine der ersten Einrichtungen, die nach dem Modell von St. Christopher in London gebaut werden. Abteilungen und Pflegehäuser dieser Richtung brauchen Helfer aus verschiedenen Berufen, von Hilfsschwestern bis zum Spezialarzt für Schmerzbekämpfung. Jeder, der sich für eine solche Tätigkeit bei Todkranken interessiert, täte gut daran, sich mit diesem neuen Hospital in Verbindung zu setzen.

Ich schreibe meine Prüfungsarbeit für den „Master"-Grad über die Einstellung zum Tode in der Krankenpflege und stoße in der Literatur immer häufiger auf die Forderung, daß die Schwestern über die Persönlichkeit ihrer Patienten gründlich im Bilde sein sollten; es heißt zum Beispiel, daß sie die gegenwärtigen und früheren Bewältigungsmechanismen des Kranken kennen sollten, seinen Lebensstil und dergleichen – alles Einzelheiten, die man doch nur von seiner eigenen engsten Familie weiß, von Menschen, die man seit langer Zeit kennt. Werden Studenten und Pfleger nicht entmutigt, wenn man bei ihnen so viele Informationen über einen Kranken voraussetzt? Welche Hilfe können Nicht-Professionelle, etwa Hilfsschwestern, bei gemeinsamen Besprechungen über einen sterbenden Patienten leisten, und wie können sie einen Sterbenden wirksam durch die Phasen seines Sterbens begleiten?

Man darf nicht annehmen, daß nur Psychoanalytiker oder Psychiater Sterbenden helfen können. Es ist auch nicht notwendig, die ganze Lebensgeschichte und die Bewältigungsmechanismen eines Kranken zu kennen, wenn wir ihm helfen wollen. Tatsächlich haben wir festgestellt, daß wir diese Aufgabe meistens besser leisten, wenn wir sein Krankenblatt nicht lesen und nur wenig über seine Person wissen. Wir hoffen aber, daß wir Menschen im *Zuhören* ausbilden können. Wenn Sie dem Patienten zuhören, wird er Ihnen Fragen stellen, die im Augenblick von Bedeutung sind. Es ist nicht einmal notwendig, daß der Kranke über seinen unheilbaren Zustand informiert worden ist. Oft steht ein entsprechender Hinweis auf dem Krankenblatt, und ein Angehöriger eines karitativen Berufes betritt das Krankenzimmer mit der Vorstellung, daß „er darüber reden kann". Wichtig ist es, auf den Patienten zu hören und seine Fragen ehrlich und offen zu beantworten. Viel wesentlicher ist aber noch, wie Sie persönlich zu den Fragen von Tod und Sterben stehen. Das beste Beispiel, das ich kenne, gab vielleicht die schwarze Reinmachefrau, die ich vor einigen Jahren beobachtete, als ich mit dem Seminar über Tod und Sterben begann. Viele Male, wenn diese Frau das Zimmer eines sterbenden Patienten betrat, vollzog sich offensichtlich etwas Positives. Eines Tages sprach ich sie darauf an und fragte: „Was tun Sie mit diesen sterbenden Patienten?" Sie wurde sehr abweisend und betonte, daß sie nur das Zimmer sauber mache. Nach Wochen, in denen wir einander kennenzulernen versuchten, tranken wir schließlich gemeinsam Kaffee, und ich hörte die ergreifende Geschichte eines leidvollen Lebens im Getto. Ich wollte sie gerade fragen, warum sie mir das alles erzähle, als sie berichtete, wie sie einmal stundenlang in einem Krankenhaus auf einen Arzt für ihren dreijährigen Sohn gewartet hatte. Das Kind war auf ihrem Schoß gestorben. Sie beendete ihren Bericht mit den Worten: „Sehen Sie, für mich ist der Tod kein Fremder, eher ein alter Bekannter, und ich fürchte mich nicht vor ihm. Manchmal, wenn ich in das Zimmer sterbender Patienten komme, sehen sie so verängstigt aus, daß ich gar nicht anders kann, als zu ihnen zu gehen, sie zu berühren und zu sagen: Es ist nicht so schlimm." Weil sie selbst den Tod gelassen hinnahm, war sie imstande, meine Kranken zu trösten, da sie ihnen ihren eigenen inneren Frieden weitergeben konnte.

Ich bin staatlich geprüfte Krankenschwester. Ich saß bei einem Sterbenden und hielt seine Hand (nur, damit er spürte, ich fühlte mit ihm und war und blieb bei ihm). Meine sehr sachlich einge-

stellte Oberschwester verlangte, ich sollte mich schleunigst erheben und an die Arbeit gehen. Hilfe!

Sie sind es nicht, die Hilfe braucht. Ihre Oberschwester braucht sie.

Wie hilft man dem Pflegepersonal in einer Situation, die sich so beschreiben läßt: Der Arzt besteht eisern darauf, daß der Patient nicht über seinen Zustand unterrichtet wird, daß man ihm nichts von seiner bösartigen Krankheit – etwa Krebs – mitteilt, an der er sterben wird. Aus Angst, der Kranke könnte Fragen stellen, wird er nun nach Möglichkeit von allen gemieden.

Diese Frage taucht regelmäßig in jeder Arbeitsgemeinschaft und jedem Seminar über sterbende Patienten auf. Der Arzt kennt den Patienten vielleicht gut, und es könnte sich um einen der wenigen Kranken handeln, die bis zum letzten Atemzug die Krankheit leugnen. In diesem Fall ist es besser, ihm nicht zu sagen, daß er todkrank ist. Immerhin wird er aber früher oder später merken, daß er ernstlich krank ist, und wenn der Arzt nicht imstande ist, ihm die Diagnose mitzuteilen, wird der Patient den Pfarrer oder die Schwestern nach den Einzelheiten fragen. Niemand kann Ihnen verbieten, zuzuhören und Fragen zu beantworten. Wenn ein Kranker Sie fragt, ob er Krebs habe, können Sie die Frage an den Arzt weitergeben, der als einziger die mit der Diagnose zusammenhängenden Dinge beantworten sollte. Teilt Ihnen der Patient seine Ahnung mit, daß er nicht wieder gesund wird, oder sagt er, daß die Schmerzen immer schlimmer werden, sollte die Schwester sich zu ihm setzen, ihr Mitgefühl zeigen und versuchen, ihn so gut wie möglich zu trösten. Der Patient wird ihr dann mitteilen, wieviel er weiß, und wird wesentliche Fragen stellen, die auch von der Schwester beantwortet werden können. Als Schwester können Sie offen sagen: „Über die Diagnose kann Ihnen nur der Arzt Auskunft geben. Aber ich darf Ihnen zuhören, was quält Sie?" Dann wird Ihnen der Patient sehr bald erzählen, was ihn beunruhigt, und Sie können helfen.

Die Krankenschwestern sind dreifach gebunden, weil sie dem Arzt, dem Krankenhaus und dem Patienten verpflichtet sind. Was kann eine Schwester tun, wenn der Arzt nachdrücklich angeordnet hat, einem Patienten die Diagnose nicht mitzuteilen, nicht mit ihm über den Tod und die Prognose zu sprechen, obwohl der Kranke deutlich zu erkennen gibt, daß er ein solches Gespräch herbeisehnt? Wo liegen die rechtliche und die ethische Verantwortung der Schwester?

Wie schon aus mehreren Fragen hervorging, sollte nicht die Schwester es sein, die dem Patienten die Diagnose mitteilt. Ein Arzt könnte sie deshalb entlassen, oder die Zusammenarbeit würde sich sehr schwierig gestalten, wenn eine Schwester ihre Grenzen überschreitet. Ihr bleiben trotzdem viele Wege, dem Kranken zu helfen. Sie kann den Seelsorger um einen Besuch bei dem Patienten bitten, der diesem dann vielleicht seine Ahnungen anvertrauen wird. Der Patient kann sich auch der Schwester gegenüber aussprechen, wenn sie das Thema nicht vermeidet. Der beste, aber schwierigste Weg ist es, einen Arzt, der es sich schwerzumachen scheint, unmittelbar anzusprechen, ihm die eigenen Empfindungen auszudrücken und den Wunsch, mit dem Patienten offener reden zu dürfen.

Meistens gibt es zwei Gruppen von Schwestern – diejenigen, die Ihr Konzept gutheißen, die anderen, die es nicht tun. Was macht man mit denen?

Ich kann diese Frage am besten damit beantworten, daß es auch Leute gibt, die an ein Leben nach dem Tode glauben, und andere, die es nicht tun. Versuchen Sie nicht, die Zweifelnden zu bekehren. Ich glaube, daß Sie eher durch Ihre eigene Gelassenheit und Ruhe imstande sein werden, andere davon zu überzeugen, daß Ihr Konzept hilfreich ist, und zwar nicht nur bei der Betreuung des sterbenden Kranken, sondern auch im täglichen Leben. Schwestern, die nicht der Meinung sind, daß man offen und ehrlich mit sterbenden Patienten umgehen sollte, werden bald auf Ihre guten Beziehungen zu den Kranken aufmerksam werden. Sie werden erkennen, daß Sie am Ende der täglichen Arbeit nicht deprimiert und verkrampft und erschöpft sind, sondern daß Sie ein paar lohnende Augenblicke mit sterbenden Kranken verbracht haben, in denen Sie ihnen wirklich halfen, obwohl sie „Ihnen sterben". Vielleicht werden sie dann den Unterschied schließlich sehen, und dann stehen auch diese Schwestern auf Ihrer Seite.

Wie können Laien (falls sie dazu geeignet und den sterbenden Patienten willkommen sind) die Taktik der Phalanx von Ärzten und Schwestern überwinden, um Hilfe und Beistand zu gewähren? Manchmal fällt es sehr schwer, denn Ärzte und Schwestern wenden sich oft gegen Außenstehende, die etwas verraten könnten, was der Patient doch ohnehin schon weiß, aber mit Ärzten oder Schwestern nicht besprechen möchte.

Sie können als offizieller Volontär in einer Klinik tätig sein, und wenn Sie dabei etwas Gutes leisten, wird das Personal bald die Wirkung merken. Man wird froh sein, wenn Sie sich einiger sterbender Kranker annehmen, die etwas mehr Zeit brauchen. Wer schweigend und still bei ihnen sitzt, ohne durch Routinearbeit abgerufen zu werden, wird von den meisten geschätzt, von einigen beneidet und von wenigen abgelehnt.

Wenn eine Schwester auf ihrer Station einen sterbenden Patienten hat und feststellt, daß die Klinikangehörigen, Ärzte wie Schwestern, ihn meiden, wie kann man dann sinnvoll weiterhelfen, falls eine gemeinsame Konferenz zu nichts zu führen scheint?

Sie können sich immer ein paar Minuten vor und nach Ihrer Arbeit die Zeit zu einem Besuch bei dem Sterbenden nehmen – Sterbende brauchen ja nur wenig Zeit, und wenn ab und zu ein Mensch zu ihnen kommt und sie nicht im Stich gelassen werden, ist das schon eine Hilfe.

Wie kann man als Angehöriger eines Pflegeberufes den Arzt dazu bewegen, sich entweder mit dem Patienten oder der Fürsorgerin in Verbindung zu setzen, damit irgend jemand wenigstens versuchen kann, dem Kranken zu helfen?

Versuchen Sie, auf Ihrer Station eine Konferenz oder ein Seminar zustande zu bringen, wobei die verschiedenen Angehörigen der Pflege-Berufe ihre jeweiligen Schwierigkeiten im Umgang mit unheilbar kranken Patienten erörtern können.

Nach meiner Erfahrung sind Ärzte – vor allem Internisten –, die todkranke Patienten zu behandeln haben, zu wenig sensibel und zu schlecht vorbereitet (was Ausbildung und zur Verfügung stehende Zeit angeht), um sich mit den Problemen von Tod und zum Tode führender Krankheit auseinanderzusetzen. Wie könnte nach Ihrer Meinung diese Situation verbessert werden, vor allem für ambulante Patienten – die mit Chemotherapie behandelt werden – und für die Eltern von leukämischen Kindern?

Das erste, was wir zu tun haben, ist, in die medizinische Ausbildung Kurse über die ärztliche Kunst einzuführen, damit mehr Ärzte besser auf den Umgang mit Todkranken vorbereitet werden und sich dabei gelassener fühlen. Das zweite wäre die Einrichtung eines „Zimmers zum Weinen" in der Ambulanzabteilung, wo die Leute, die regelmäßig kommen und ihre Gefühle oder Ängste einmal äußern müssen, mit einem Helfer oder ausgebildeten Volontär zusammensitzen und ihre Nöte mitteilen können. Die dritte Möglichkeit: Jede Ambulanz-Klinik sollte mit Gruppentherapie für regelmäßig kommende Patienten beginnen, ebenso für die Eltern leukämischer Kinder. Das hat sich als außerordentlich hilfreich für alle Beteiligten erwiesen.

Wir haben in unserer Klinik eine Sonderabteilung für Geschwulstkranke. Können Sie uns vorschlagen, wie man es den Klinikangehörigen erleichtert, mit der fast unausgesetzten emotionalen Beanspruchung fertigzuwerden? Das Pflegepersonal neigt nach einiger Zeit dazu, sich vor jeder gefühlsmäßigen Beteiligung abzukapseln.

Es ist sehr wichtig, daß Krebsabteilung und die Onkologie-Versorgung einen kleinen Raum haben, wo sich die Betreuenden zusammenfinden und ihre innersten Gefühle, Bedürfnisse, Ängste und Aufregungen miteinander besprechen können. Ohne solche Aussprachen, bei denen „die eigenen Batterien wieder aufgeladen werden", wird das Pflegepersonal zu sehr beansprucht und hat gar keine andere Wahl, als sich innerlich zurückzuziehen und in der Pflege der Patienten unpersönlich und mechanisch zu werden.

Sollte die Schwester etwas besser informiert werden über das, was der Arzt dem Patienten über die Diagnose mitgeteilt hat?

Die meisten Schwestern halten es für wichtig, zu wissen, was man dem Kranken gesagt hat. Wir haben aber den Eindruck, daß es nicht so wesentlich ist, was der Arzt mitgeteilt hat, sondern *wie* der Kranke informiert wurde. Das aber ist auf keinem Krankenblatt verzeichnet, und keine Schwester wird es jemals vom Arzt erfahren, wenn sie nicht anwesend war, als er die Mitteilung machte. Ein Arzt, der mit sterbenden Patienten unbefangen umgehen kann, wird dem Kranken schon zu Beginn erklären, daß er ernsthaft erkrankt sei, und wird dann alle Fragen beantworten, die der Patient vorbringt. Solchen Kranken fällt alles nicht so schwer, solange man ihnen Hoffnung läßt. Wenn eine Schwester, die einen Todkranken betreut, nicht weiß, was man ihm gesagt hat, braucht sie nur auf ihn selbst zu hören. Er wird ihr mitteilen, worüber er zu sprechen wünscht, und wird sie auch wissen lassen, wie weit er im Bilde ist. Für die Schwester ist es aber wichtig, davon auszugehen, daß sich die Bedürfnisse von Tag zu Tag und von einem Menschen zum anderen ändern.

Wie können Krankenschwestern einen Arzt besser verstehen und besser mit ihm zusammenarbeiten, der beständig außergewöhnliche Maßnahmen anwendet?

In solchen Fällen halte ich es für wichtig, daß man interdisziplinäre Seminare einrichtet, damit die Angehörigen der anderen Pflegeberufe dem Arzt ihre Schwierigkeiten vortragen und mindestens ihre zwiespältige Einstellung zu solchen Mitteln ausdrücken können.

Wie nehmen Sie die Beziehung zum Kranken auf? Wie kann eine Schwester einen Patienten veranlassen, über das Sterben zu sprechen? Es ist doch wohl unmöglich, ein Zimmer zu betreten und einfach ein Gespräch über das Sterben anzufangen. Das führt auch zu Schwierigkeiten mit vielen Ärzten, die nicht wünschen (meistens auf Verlangen der Familie), daß der Patient unterrichtet wird. Wenn eine Schwester dann andeutet, der Tod sei nahe, kann sie schon ihre Stellung verlieren.

Sie haben recht. Ein Patient sollte nie über den unmittelbar bevorstehenden Tod unterrichtet werden. Man spricht auch nicht mit den Kranken über das Sterben und teilt ihnen nicht mit, daß sie todkrank sind. Das würde ich für therapeutisch völlig falsch und in keiner Weise hilfreich halten. Die Bedeutung von „Sprechen über den Tod" hängt ab von Ihrer eigenen Fähigkeit, die Tatsache hinzunehmen, daß ein bestimmter Kranker wahrscheinlich jenseits aller ärztlichen Hilfe ist. Wenn er selbst das erkennt und Ihnen eine entsprechende Frage stellt, ist es Ihre Aufgabe, sich zu ihm zu setzen und mit ihm darüber zu reden. Falls Sie sich aber dabei unbehaglich fühlen und das Thema wechseln, sind Sie nicht imstande, dem Kranken zu helfen. Wir beginnen meistens damit, daß wir unsere Patienten aufsuchen, uns zu ihnen setzen und fragen, ob sie überhaupt zu einem Gespräch aufgelegt sind. Bejahen sie es, fragen wir sie, wie es ist, wenn man so krank ist. Dann wird sich der Kranke sehr rasch seine Verzweiflung über die Diät, die wachsenden Schmerzen, die Vernachlässigung durch das Personal vom Herzen reden, und nach ein paar Minuten sprechen wir darüber, wie man sich als einsamer, elender, isolierter, todkranker Mensch fühlt. Manchmal gehen wir ins Krankenzimmer und fragen den Patienten, wie krank er denn sei. Einer sah mir in die Augen und fragte überrascht: „Wollen Sie das wirklich wissen?" Als ich bejahte, antwortete er: „Ich bin voll von Krebs." Nach einigen Minuten unterhielten wir uns darüber, was es heißt, unheilbar an Krebs erkrankt zu sein. Sie können sich aber auch einfach zu dem Patienten setzen und sagen: „Möchten Sie davon sprechen?" Dann wird er Ihnen erzählen, was ihm am Herzen liegt, und wenn Sie selbst dabei gelassen bleiben, wird er Ihnen auch seine letzten Sorgen anvertrauen. Ein guter Gesprächseinstieg ist auch die Frage: „Sie haben es schwer, nicht wahr?"

Ich habe als Krankenschwester sehr oft mit sterbenden Patienten zu tun gehabt. Wenn man eine Beziehung zu dem Kranken aufnimmt, geht man dann damit nicht eine Verpflichtung ein? Und was soll daraus werden, wenn man genau weiß, daß man bei ihm gebraucht wird, aber in der Arbeitszeit so eingesetzt wird, daß man keine Zeit bei ihm verbringen kann? Hat man dann diesem Kranken gegenüber versagt? Es ist für mich sehr wesentlich, zu wissen, ob der Patient die Schwierigkeit versteht.

Sie müßten das Buch *Anguish* von Anselm L. Strauß und Barney G. Glaser lesen, um zu verstehen, daß wir oft einen Patienten mit der Begründung meiden, unsere Arbeitsbelastung sei daran schuld. Meistens ist es eine Ausrede vor einem selbst, eine Auswirkung des eigenen Unbehagens in der Gegenwart eines sterbenden Patienten. Wenn Sie aber eine gute Beziehung zu einem Todkranken entwickelt haben und dann in eine andere Station versetzt werden, nimmt es Ihnen nur zwei Minuten von Ihrer Zeit, bevor Sie nach Hause gehen, bei ihm hereinzuschauen und „Wie geht's?" zu sagen. Sterbende Patienten kennen die Verantwortungen Ihres Berufs und verstehen, daß man Schwestern in andere Abteilungen versetzt. Sie werden Ihnen verzeihen, solange Sie mit Ihnen in Kontakt bleiben, und sei es mit einer Postkarte, falls Sie in einem anderen Haus arbeiten, sei es auch einmal mit einem Telefonanruf, der nur zwei Minuten Zeit kostet; am besten natürlich mit einem Besuch, der fünf Minuten nicht zu überschreiten braucht.

Was kann man als Therapeut tun, wenn es der Doktor vorzieht, einen Kranken nicht von seinem nahen Ende zu unterrichten? Als Beschäftigungstherapeutin werde ich oft gebeten, Patienten psychologische Hilfestellung zu leisten. Sie wollen dann gern über den Tod sprechen. Ich weiß aber, daß ich ihnen nicht helfen kann, weil mir die Hände gebunden sind.

Ihnen sind keineswegs die Hände gebunden. Wenn Sie ausdrücklich gebeten werden, einem Kranken psychologisch zu helfen, sollten Sie sich ruhig zu ihm setzen und sogar über den Tod sprechen, falls der Kranke das Thema anschneidet. Sie können mit dem Patienten über alles reden, wenn er selbst das Gespräch beginnt – Sie können aber natürlich nicht einfach mit der Frage ins Zimmer treten: „Wie ist es, wenn man stirbt?", vielleicht gerade dann, wenn sich der Patient in einer Phase des Nichtwahrhabenwollens befindet. Niemand kann Ihnen verbieten, zuzuhören und auf Ihre Patienten einzugehen. Das sollten Sie nicht vergessen.

Die vielleicht größte Hemmung für uns als Seelsorger, Schwestern und ähnliche Berufsangehörige liegt darin, daß wir uns selbst nicht trauen. Wir spüren die Spannung, wenn wir einem nach Mitgefühl suchenden Patienten helfen möchten, wir würden auch gern unsere innersten Empfindungen preisgeben, fürchten aber, daß wir die Fassung verlieren und nicht die Festigkeit ausstrahlen können, die von uns erwartet wird. Deshalb ist es einfacher, unsere Reaktion ganz auf den sachlichen klinischen Bereich zu beschränken.

Vielleicht ist es für Sie einfacher, sich auf den sachlichen klinischen Bereich zurückzuziehen, aber dem Kranken helfen Sie mehr, wenn Sie sich ihm zuerst als Mensch, dann in Ihrer beruflichen Rolle nähern. Weil Sie ein Mensch sind, weil Sie Empfindungen und innere Reaktionen haben, können Sie sich dem Patienten mitteilen, und er wird Ihnen dankbar sein. Treten Sie ihm nur in Ihrer beruflichen Rolle entgegen, werden Sie ihm niemals wahrhaft helfen, bevor Sie nicht auch Ihre eigenen Empfindungen von Kummer, Sorgen, Angst und manchmal Schmerzen mitteilen können.

Wir haben einen zehnjährigen Patienten mit einer Myocarditis, Anwärter auf eine Herzverpflanzung. Er ist völlig unvorbereitet. Wenn die Eltern und die behandelnden Ärzte nicht wünschen, daß die Pflegenden sich mit ihm über seine Krankheit unterhalten, wie soll man dann mit der Situation fertig werden?

Sie müssen die Anordnungen des Arztes und der Eltern befolgen, können aber Ihre Fürsorge, Liebe, Ihr Verständnis dem jungen Kranken vermitteln, und wenn Sie allein mit ihm im Zimmer sind, wird er Ihre Hand fassen und Fragen nach der bevorstehenden Operation stellen. Sie können dann den Arzt fragen, ob Sie bei seiner nächsten Visite dabeisein dürfen, damit der Junge in Ihrer Gegenwart den Mut findet, dem Arzt seine Fragen vorzulegen.

Oft ist es dem Arzt schwer begreiflich zu machen, was wir für den sterbenden Patienten zu tun versuchen. Nimmt sich die medizinische Ausbildung dieser Frage an?

Ja, es gibt jetzt viel mehr medizinische Ausbildungsstätten, die auch die Betreuung des sterbenden Patienten in ihren Lehrplan aufgenommen haben.

Sie selbst sind geschult, die verschiedenen Hinweise, die der Patient gibt, aufzugreifen, es gehört zu Ihrer Aufgabe. Doch wie kann eine Schwester – oder sonst jemand, der den Kranken pflegt –, die auf ihrer Station viel zu tun hat und sich um die gesundenden Patienten kümmern muß, die Situation des sterbenden Patienten auf ihrer Station verbessern? Wie sollen wir dafür die Zeit finden, wenn wir sie uns nicht in unserer Freizeit nehmen?

Offenbar liegt die Schwierigkeit für Sie darin, daß Sie sterbende Patienten für nicht mehr lebende Menschen halten. Ich glaube, daß ein Kranker im Sterbeprozeß ebenso wie der andere, der noch Aussicht auf Gesundung und Heimkehr hat, Ihrer Fürsorge bedarf, wahrscheinlich noch mehr, stärker als Ihre anderen Patienten. Doch die Pflege, das Zuhören und Hinhören auf die Hinweise, die sterbende Patienten geben, nimmt nicht mehr Zeit als dieselben Dienste für die Kranken, denen es besser geht. Man braucht fünf Minuten (und erspart damit später eine Stunde voller Angst, Auseinandersetzungen und Qualen), um den Sterbenden diese besondere Fürsorge zuteil werden zu lassen. Das Pflegepersonal vergißt so oft, daß der sterbende Patient ja wenig Wünsche hat. Er muß sich nur gut aufgehoben wissen, möglichst schmerzfrei sein, dann verlangt er nicht viel mehr als den einen Menschen, der ihn nicht im Stich läßt. Wenn sich eine Schwester eine Minute Zeit nehmen, zu ihm gehen und fragen kann: „Ist es heute sehr schlimm?", wird der Patient ihr mitteilen, was ihn an diesem Tag vor allem quält, und sie kann versuchen, seine Qualen zu lindern. Es nimmt wenig Zeit, und wenn Sie es richtig anfangen, wird es Ihnen später Stunden ersparen.

Wie stehen Sie zum Entschluß des Arztes, dem Patienten zu erklären, daß seine Krankheit zum Tode führt?

Man sollte den Patienten nicht mitteilen, daß die Krankheit zum Tode führt oder daß sie sterben. Der Kranke sollte erfahren, daß er sehr krank ist, daß man aber alles nur Denkbare tun wird, um es ihm so wenig unangenehm und so schmerzfrei wie möglich zu machen. Wenn der Patient dann „jenseits von aller medizinischen Hilfe" ist, wird er den Arzt fragen, ob er noch eine Chance hat. Fühlt sich der Arzt in ihn ein und vermittelt ihm eine geeignete Vorstellung von dem, was ihn erwartet, ohne ihm alle Hoffnung zu nehmen, dann wird sich der Patient viel besser damit abfinden können, als wenn man ihm gesagt hätte, daß er nicht wieder gesund wird.

Wie hilft man einem jungen Assistenzarzt, sich mit der Tatsache abzufinden, daß der Patient stirbt?

Junge Ärzte sind solchen Gedankengängen viel aufgeschlossener als die älteren, die bereits „geprägt" sind. Wenn wir versuchen, Studenten die Kunst des Arztes und die Betreuung sterbender Patienten zu lehren, haben wir beachtliche Erfolge. Die Externen erreichen wir eher als die Medizinalassistenten, und nach zweijähriger Assistenzzeit ist es fast hoffnungslos. Deshalb ist es so wichtig, die Medizinstudenten rechtzeitig vorzubereiten, damit die Zusammenarbeit zwischen Schwestern, Seelsorgern und Ärzten in der Betreuung unheilbar Kranker künftig besser wird.

Gibt es irgendwelche Einrichtungen (etwa Gruppen) für das Pflegepersonal, in denen sich die einzelnen über die eigenen Gefühle und die der Kranken klarwerden können?

Unsere Seminare über Tod und Sterben haben sich nicht nur mit den Bedürfnissen des sterbenden Patienten befaßt. Auf jedes Interview mit einem Kranken folgte eine Gruppendiskussion der Mitarbeiter in interdisziplinärem Rahmen. Hier konnte jeder seine innersten Reaktionen und Empfindungen über den jeweiligen Patienten aussprechen, und das half den Mitarbeitern nicht nur, ihre eigenen Fragen und Gefühle auszudrücken, sondern auch, die Schwierigkeiten der anderen zu verstehen. Die Schwestern entwickelten Verständnis für die Probleme der Ärzte und umgekehrt. Natürlich muß eine solche Diskussion in strengster Vertraulichkeit und ohne Anwesenheit des Kranken geführt werden.

Das chirurgisch-internistische Team widersetzt sich oft dem Gedanken, Mittel und Wege zu finden, damit die Schwerkranken oder Todkranken die Probleme ihres möglichen Todes, Probleme, die ihnen und ihrer Familie so am Herzen liegen, erörtern können. Haben Sie irgendwelchen Erfolg gehabt mit dem Versuch, diesen Widerstand abzubauen? Und falls ja – auf welche Weise?

Wir haben Hunderte von Arbeitsgemeinschaften, Seminaren, vertiefenden Besprechungen mit den Angehörigen der unterschiedlichen Heil- und Pflegeberufe gehabt, und zwar vom Niveau der höheren Schule bis zu dem der Universität. Die Teilnehmerzahl wuchs von etwa 25 Leuten bis auf viertausend, und mit der Zeit wuchs auch langsam die Zahl der Ärzte. Ich glaube, daß sich die Atmosphäre jetzt ändert, und es besteht Anlaß zu der Hoffnung, daß unsere sterbenden Patienten nicht mehr so jämmerlich alleingelassen werden.

Was halten Sie davon, daß die Besuchszeit in der Intensivstation auf fünf Minuten pro Stunde beschränkt wird, wenn der Patient doch innerhalb der nächsten Stunden sterben wird – und auf diese Weise vielleicht allein ist, wenn er stirbt? Ist das nicht eine schrecklich starre Vorschrift?

Ja, und diese Vorschriften sollten geändert werden. Wenn ein Patient offensichtlich jenseits aller medizinischen Hilfe ist, sollten alle Einschränkungen aufgehoben werden, und wenigstens ein Angehöriger sollte bei dem Sterbenden in seinen letzten Augenblicken bleiben dürfen und nicht hinausgeschickt werden, während er stirbt. Der Patient sollte dann eigentlich aus der Intensivstation herausgenommen werden.

Wie verhält sich eine Krankenschwester, wenn ein Krebskranker nach der Operation wissen will, ob sich die Krankheit ausgebreitet hat? Und wie verbirgt man die eigene Reaktion, wenn man weiß, daß der Arzt den Patienten nicht vollständig aufgeklärt hat?

Ich denke, es ist Ihre Aufgabe, den Arzt zu unterrichten, daß der Patient Sie direkt danach gefragt hat.

Ich bin Heilgymnastin und möchte wissen, ob Sie die Reihenfolge von Bewegungsübungen vorteilhaft finden, mit denen wir den Patienten helfen wollen, sich nicht steif zu fühlen. Es kann doch auch von Nutzen sein, wenn auf diese Weise eine neue Person auftaucht und mit dem Patienten spricht, damit er in das

Ganze einbezogen bleibt, so daß ihm alles ein wenig angenehmer wird. Wenn Sie diese Ansicht nicht teilen, erklären Sie bitte, was dagegen spricht und was Sie statt dessen vorschlagen würden.

Für einen Patienten nach einem schweren Schlaganfall und Lähmung oder für den Todkranken, der sich nur unter Schwierigkeiten bewegen kann und zusehends steifer wird, kann es ein großer Trost sein, wenn ihn die Heilgymnastin regelmäßig aufsucht und mit ihrer Abfolge von Bewegungsübungen für Wohlbefinden und Trost sorgt, selbst wenn es von einem speziell ausgebildeten Pflegepersonal für Zeitverschwendung gehalten wird. Jede menschliche Fürsorge, die einem sterbenden Patienten zuteil wird und ihm hilft, sich besser zu fühlen, ist ohne jede Einschränkung wichtig und niemals verschwendet.

Was kann getan werden, wenn ein Patient seinem Tod zustimmt und darauf vorbereitet ist, die Familie und das Pflegepersonal ebenfalls – der Arzt aber erklärt: „Nein, er wird sich erholen", oder wenn der Arzt den Kranken noch viele Tage am Leben erhält, obwohl es die Familie nicht wünscht?

Der Familie fällt die Verantwortung zu, den Arzt schriftlich aufzufordern, keine ungewöhnlichen Maßnahmen zu ergreifen, um den Patienten gegen seinen und seiner Angehörigen Wunsch „lebendig" zu erhalten. Die Familie kann auch den Kranken aus der Klinik holen oder die Hinzuziehung eines anderen Arztes verlangen, der nicht so viele Schwierigkeiten in der Behandlung sterbender Patienten zu überwinden hat. Die Schwester kann dem Arzt und der Familie ihren eigenen Eindruck mitteilen und Alternativen vorschlagen.

Wie kann ich als Geistlicher, der die Nachricht von einem plötzlichen Todesfall zu überbringen hat, der Familie am besten helfen, den Tod hinzunehmen?

Sie können in dem Augenblick, in dem Sie die furchtbare Nachricht zu überbringen haben, der Familie nicht helfen, sich mit dem Tod abzufinden. Sie können nur dableiben, den Angehörigen erlauben, sich auszuweinen, Gott in Frage zu stellen oder Gott oder die Klinikangehörigen anzuklagen – und Sie sollten dann nicht beschwichtigen oder sie daran hindern, sich heftig und vielleicht sogar unflätig auszudrücken. Wenn Sie der Familie weiterhin zur Verfügung stehen, nicht nur in dem Augenblick, wo Sie die Nachricht zu überbringen haben, sondern auch in den folgenden Wochen und Monaten, wenn Sie gelegentlich einen Besuch machen oder anrufen, werden Sie den Angehörigen am besten helfen, sich langsam und allmählich mit dem plötzlichen Tod abzufinden. Die Familien von plötzlich Verstorbenen müssen dieselben Phasen wie die Sterbenden durchmachen; sie werden sich zuerst in einer Phase des Entsetzens und Nichtwahrhabenwollens befinden, dann oft in heftigen Zorn verfallen auf jene, die den Unfall verursacht haben, auf den Fahrer des Krankenautos, auf das Personal in der Notaufnahme – auf alle, die den Tod des Patienten nicht verhindert haben. Dann wird eine kurze Phase des Verhandelns folgen und eine ausgedehnte der Depression und schließlich – hoffentlich – das endgültige Sichabfinden.

Wann sollte das Krankenhauspersonal einen Geistlichen hinzuziehen?

Ich hoffe, daß die Vertreter der geistlichen Berufe zu einem selbstverständlichen Teil des Behandlungsteams in jedem Krankenhaus werden. Viele Patienten schätzen von Zeit zu Zeit den Besuch eines Seelsorgers, nicht nur wegen irgendwelcher Riten und Gebete, sondern um ihn kennenzulernen und in ihm, wenn sie geistliche Unterstützung brauchen, schon einen Freund zu haben. Der Patient, der nicht den Besuch eines Geistlichen wünscht, sollte natürlich auch nicht dazu überredet werden, doch wenn sich ein Kranker einsam oder bedrückt fühlt, wäre es sehr angebracht, ihm die Dienste eines Seelsorgers anzubieten, der für den Patienten, die Familie, die Klinikangehörigen von großer Hilfe sein kann. Seelsorger sollten von Anfang an einbezogen werden, nicht erst, wenn der Patient im Sterben liegt.

Glauben Sie, daß die totale Hingabe, die ein Berater leisten muß (zum Beispiel zu jeder Zeit zur Verfügung zu stehen), zu groß ist und daß man zu viele Erwartungen auf ihn setzt?

Ja, es ist zuviel. Niemand von uns kann zu jeder Tag- und Nachtzeit zur Verfügung stehen. Aber Sie könnten einigen besonderen Patienten Ihre Telefonnummer geben und ihnen gestatten, Sie dann anzurufen, wenn eine ernste Schwierigkeit vorliegt. Das ist keine Verpflichtung im Sinne „ich werde alles stehen und liegen lassen und zu Ihnen kommen", sondern ein Angebot innerhalb Ihrer Grenzen. Deshalb ist es auch so wichtig, in einem Team zusammenzuarbeiten, so daß der einzelne ersetzbar ist und auch ein Privatleben führen kann. Das braucht man einfach, um diese so sehr beanspruchende Tätigkeit durchstehen zu können.

Altersprobleme

Viele Leute meinen, der Tod sei den meisten älteren Menschen willkommen, aber das trifft nur teilweise zu. Hohes Alter ist nicht gleichbedeutend mit „froh sein, sterben zu dürfen". Viele alte Patienten, die den Tod begrüßen, sind vielleicht gar nicht in einer Phase der Zustimmung, sondern eher der Resignation, weil ihr Leben nicht mehr sinnvoll ist.
Unsere Altersheime spiegeln auf traurige Weise den Mangel an Würdigung der Alten. Wir gewähren ihnen Obdach und Nahrung, manchmal sogar Farbfernsehen und Schwimmbäder, Golfplätze und Möglichkeiten zum Tanz, doch wir nehmen ihnen jede Aussicht, noch etwas zu leisten, ihre ganz besonderen Dienste anzubieten und zu gewähren und vor allem die Weisheit und Erfahrung, die sie in vielen Jahrzehnten gesammelt haben, anzubringen. Leben heißt, zu geben und zu nehmen, andere Menschen bei sich zu sehen und ihnen zu dienen, und gerade das fehlt so oft in den Zentren für die Unterbringung alter Menschen. Dann taucht in dem alten Mann oder der alten Frau der Wunsch auf, zu sterben, weil das Leben keinen Wert mehr hat.

Viele alte Leute sagen, daß sie sterben möchten. Ich kann ihnen das gut nachfühlen, aber kann man ihnen wirklich sagen, daß man genauso empfinden würde?

Natürlich können Sie das sagen. Die Patienten sprechen sich Ihnen gegenüber viel offener aus, wenn Sie selbst ehrlich mit ihnen sind. Wenn sie merken, daß ihre Lebensqualität auf dem Tiefpunkt ist, und wenn sie das mit Worten ausdrücken, können Sie durchaus einstimmen, aber nur, wenn Sie sofort hinzufügen: „Kann ich irgend etwas für Sie tun, um Ihnen das Leben erträglicher und sinnvoller zu machen?" Dann werden Sie manchmal großartige Dinge zu hören bekommen, die keine Zeit beanspruchen, sondern nur offene und ehrliche Fragen und liebevolle Antworten.

Wie empfinden Sie älteren Menschen gegenüber, die sterben möchten, ohne daß ihr Tod unmittelbar bevorzustehen scheint?

Sie müssen herausfinden, was ihr Leben so elend oder sinnlos macht, und dann versuchen, ihre Bedürfnisse zu erfüllen, soweit es menschenmöglich ist.

Glauben Sie, einige Ihrer Lehrfilme sollten auch den Patienten in geriatrischen Anstalten gezeigt werden?

Alle Filme, die wir über Tod und Sterben machen, können in geriatrischen Anstalten gezeigt werden, wenn man den Patienten vorher sagt, um was es dabei geht, und ihnen freistellt, sich den Film anzusehen oder in ihren Zimmern zu bleiben.

Wie kann ich einem Angehörigen meiner Familie helfen, in seinem Pflegeheim die Phase der Zustimmung statt der Resignation zu erreichen? Wie können Familienmitglieder überhaupt helfen?

Das Beste wäre, die Alten nach Hause zu holen. Es ist sehr viel leichter, die eigene Endlichkeit in einer vertrauten Umgebung hinzunehmen als in einem Pflegeheim, wo der alte Mensch vielleicht einmal in der Woche oder einmal in vierzehn Tagen Besuch erhält. Wenn es aus äußeren Gründen nicht möglich ist, den alten Menschen zu Hause zu pflegen, sollten Sie mit ihm sprechen und ihm die Gründe erklären. Fragen Sie einfach und ohne Umschweife: „Was kann ich tun, um dein Leben sinnvoll zu machen, obwohl du im Pflegeheim leben mußt?"

Ist es angebracht, die Angst vor Tod und Sterben mit älteren Leuten zu besprechen, die immer wieder erklären, sie wollten lieber tot sein, die aber an keiner speziellen oder todbringenden Krankheit leiden, außer daß sie senil sind?

Wir sollten mit ihnen über diese Dinge reden, ehe sie senil werden.

Wie teilt man sich den völlig senilen, ihrem Sterben nahen Patienten mit?

Durch Berührung, liebende Zuwendung und ausgezeichnete Pflege.

Wie wird man mit der eigenen Angst vor dem Tod seiner Eltern fertig, die zwar älter werden, aber nicht krank oder in unmittelbarer Todesgefahr sind? Ist das einfach Angst vor dem Alleinsein?

Ich glaube, es ist einfach die Angst, daß Sie Ihre Eltern verlieren. Setzen Sie sich zu ihnen, sprechen Sie mit ihnen über das, was Ihrem Leben Sinn gibt, was die Trennung erträglicher machen wird. Sie sollten es tun, bevor Krankheit eintritt oder ein Schlaganfall es Ihren Eltern unmöglich macht, mit Ihnen darüber zu reden.

Was antworten Sie einem sehr alten und schwachen Patienten, der immer wieder sagt: „Ich wollte, ich würde sterben", oder „Ich möchte sterben"?

Ich sage, daß ich ihn sehr gut verstehe, setze mich zu ihm und lasse ihn über das reden, was seine Lage so besonders erschwert. Vielleicht antwortet er, daß er so schrecklich allein sei und daß es niemanden kümmere, ob er noch am Leben ist. Ich würde ihm dann zu beweisen versuchen, daß es Leute gibt, denen an ihm liegt, und versuchen, jemanden anzuregen, diesen alten Menschen zu besuchen, damit er das Gefühl hat, immer noch ein wichtiges Glied der Gesellschaft zu sein. Soweit sein Kummer körperliches Unbehagen oder Schmerzen betrifft, werde ich versuchen, hier Abhilfe zu schaffen. Beunruhigen ihn finanzielle Probleme, kann ich den Sozialarbeiter um Hilfe bitten. Wenn er aber einfach das Gefühl hat, sein Leben ausgelebt zu haben, wenn er damit zufrieden war und fühlt, daß es lange genug gedauert hat und sinnlos werden würde, wenn es noch lange weitergeht, stimme ich ihm zu und sage, daß ich genauso empfinden würde.

Ich habe gerade meine Arbeit mit alten Menschen aufgenommen und glaube festgestellt zu haben, daß auch sie die Phasen durchmachen müssen, selbst dann, wenn nicht einmal eine diagnostizierte Krankheit vorliegt. Ist meine Beobachtung richtig?

Sie ist richtig, vor allem unmittelbar nach der Aufnahme in ein Altersheim. Sie gehen durch dieselben Phasen, die jeder Mensch durchmachen muß, nicht nur, wenn er vor dem Tod steht, sondern auch dann, wenn er sich mit einem Verlust abfinden muß. Ein alter Mensch, der lange Zeit in seiner eigenen Häuslichkeit gewohnt hat und nun in ein Altersheim gebracht wird, muß dieselben Anpassungen vollziehen, weil er auf sein Heim, seine Familie, vielleicht auf ein tätiges Leben verzichten soll.

Ich betreue eine fünfundachtzigjährige Dame, die bald sterben wird. Ihre Tochter ist immer dabei und will nicht, daß über das Sterben der Patientin gesprochen wird, sondern redet davon, wie sehr ihre Mutter gebraucht werde, wieviel Arbeit auf sie warte. Würden Sie vorschlagen, daß ich einmal allein mit der Patientin spreche?

Ja, aber nicht unbedingt über das Sterben. Sie ist vielleicht imstande, Ihnen gegenüber auszusprechen, wie schwer es ist, den Dingen ihren Lauf zu lassen, daß es besonders der Tochter schwerfällt und daß sie selbst sich schuldig fühlt, weil sie den Bedürfnissen der Tochter nicht mehr gerecht werden kann. Sie müssen aber die Ohren spitzen und merken, worüber die Fünfundachtzigjährige wirklich sprechen will – und nicht von dem reden, was Sie selbst gern vorbringen möchten. Es müßte sich auch jemand um die Tochter kümmern.

Kennen Sie alte Menschen, die nach einem Aufenthalt im Krankenhaus in ein Pflegeheim gebracht werden sollen und bereit sind, über den Tod zu sprechen? Ich habe oft gehört, daß sie über „den Tod eines tätigen Lebens daheim" sprechen.

Das ist richtig. Es gibt viele Formen des Todes. Wenn eine Patientin ins Krankenhaus kommt und hofft, in ihre eigene Häuslichkeit zurückkehren zu können, statt dessen aber in ein Pflegeheim gebracht wird, spricht sie sehr oft in dieser Weise und unterstellt dabei: „Das wird mein Tod sein." Man bezeichnet das auch als den „sozialen Tod".

Meine Frage betrifft die Betreuung in einer Abteilung für lebensverlängernde Pflege. Die Patientin kann hören, sie ist alt und hat viele Jahre allmählichen Abbaus hinter sich. Sie kann den Mund für die Nahrungsaufnahme öffnen und bekommt zweimal wöchentlich einen Einlauf. Wie kann man ihre Ängste und Beklemmungen mildern, damit sie sich dem Prozeß des Sterbens überläßt?

Mir scheint, daß ich diese Frage nicht beantworten kann, weil ich nicht weiß, wie sich ihre Ängste und Nöte äußern. Vielleicht ist sie doch ganz zufrieden, wird gut gepflegt; Sie tun alles, was Sie können. Wenn ihr Gesichtsausdruck von Angst und Beklemmung spricht, setzen Sie sich zu ihr, halten ihre Hand und reden mit ihr über das, was vielleicht ihre Angst hervorruft. Nennen Sie ihr ein Signal für „ja", ein anderes für „nein", dann wird sie vielleicht zu einem sinnvollen Dialog mit Ihnen fähig sein, trotz ihrem elenden Zustand und ihrer offensichtlichen Unfähigkeit zu sprechen.

Bitte sagen Sie mir, wie man mit einem alten, verwirrten Menschen über den Tod spricht.

Mit einem verwirrten alten Menschen läßt sich nur schwer ein Gespräch führen. Das Wichtigste, was Sie wohl für diese Patienten tun können, ist eine gute körperliche, seelische und geistige Fürsorge. Orientieren Sie die Kranke immer wieder, wenn sie nicht mehr weiß, wer Sie sind (etwa mit den Worten: „Hier kommt wieder Schwester Mary. Wir haben einen so schönen Septembertag, und gleich gibt es ein wunderbares Sonntagsfrühstück"). Wenn Patienten bereits so verwirrt sind, ist es aber zu spät, mit ihnen über ihre Vorstellungen vom Tod und über unbewältigte Dinge zu reden.

Ich habe erlebt, daß man alten Patienten manchmal nicht die Fähigkeit zutraut, in vollem Ernst eine weitere Operation abzulehnen, weil sie anführen, daß sie ja alt und zum Sterben bereit seien. Man spricht dann wohl von selbstmörderischen Tendenzen. Können Sie uns sagen, welche Rechte Sie einem Patienten unter solchen Umständen zubilligen und worauf sich das Urteil des Psychiaters stützen sollte?

Wenn ein Patient sehr alt, zum Sterben bereit ist und nicht noch weitere operative Eingriffe über sich ergehen lassen möchte, neige ich dazu, mich seinem Entschluß zu fügen. Ist er pathologisch depressiv, würde ich es für meine Pflicht als Psychiater halten, ihn aus der Depression herauszuholen und ihn dann noch einmal nach seinem Entschluß zu fragen; weigert er sich dann wieder, hat er natürlich das Recht dazu: Es ist sein Leben und ist sein Körper.

Kann man in einer geriatrischen Abteilung über Tod und Sterben diskutieren? Der Patient sagt oft: „Ich habe lange genug gelebt." Wie antworten Sie darauf?

Ich würde sagen: „Ja, Sie haben vielleicht lange genug gelebt – doch was können wir, da Sie ja noch lebendig sind, unternehmen, um dieses Dasein für Sie lohnender zu machen, damit Sie wirklich leben, bis Sie sterben?"

Wie kann man den Insassen eines Altersheims helfen, sich mit dem abzufinden, was sie entbehren, also alles, was in dem Wort „Zuhause" liegt?

Sie versuchen, das Altersheim zu einem Zuhause zu machen, soweit es menschenmöglich ist, und das bedeutet, daß Sie auch Kinder einbeziehen, nicht nur zu kurzen Besuchen, sondern den ganzen Tag (in Kindertagesstätten). Dann können die Alten bei der Betreuung der Kinder helfen. Sie können vielleicht auch einen kleinen Garten bestellen oder sich mit Holzarbeiten und allen anderen Dingen beschäftigen, die auch zu Hause das Leben sinnvoll gemacht haben.

Welche anderen Wege – außer Kindertagesstätten auf demselben Grundstück – gibt es, um alten Leuten das Gefühl zu vermitteln, daß sie noch gebraucht werden?

Ich denke, man könnte sie in Schulen – Kursen und Seminaren – zusammenfassen, wo sie beispielsweise über ihre Häuslichkeit und frühen Lebenserfahrungen in ihrer Heimat sprechen können. Wir können sie nach ihrem Hobby und ihren

Interessen befragen, wir können sie mit Jungen zusammen an einem Kursus für Holzarbeiten teilnehmen lassen, wo sie der große Bruder für alle Jungen wären, die keinen Vater oder Großvater haben. In den Altersheimen ist soviel an Werten und Weisheit verborgen, die niemals mobilisiert und genutzt werden. Mit etwas Mühe würden Sie entdecken, über welche Kräfte, Begabungen und inneren Schätze diese alten Leute verfügen. Es gäbe viele, viele Orte, diese Aktivposten einzusetzen, so daß sich die alten Leute erwünscht und nützlich, gebraucht und geliebt fühlen.

Gehen Sie bitte auf das Problem der Resignation alter Menschen ein. Wie kann ich in Pflegeheimen mit ihnen arbeiten?

Wenn jemand alt ist und sich unerwünscht und nach irdischen Maßstäben unnütz fühlt, befindet er sich meistens in der Phase der Resignation. Er möchte wirklich nicht länger leben, weil sein Leben nicht mehr sinnvoll zu sein und keinen Zweck mehr zu erfüllen scheint. Wenn Sie als Geistlicher sie aufsuchen, könnten Sie mit ihnen über den Sinn des Lebens sprechen, nicht unbedingt in theologischen Begriffen, sondern um herauszufinden, wo in ihren jüngeren Jahren der Sinn des Lebens für sie lag. Stellen Sie dann fest, ob irgend etwas davon heute noch in ihrer Reichweite liegt, dann helfen Sie ihnen, von der Resignation zu einer zufriedenen Zustimmung fortzuschreiten.

Wie verhalten Sie sich gegen die Leute, die widerstreben oder am liebsten einen weiten Bogen machen, wenn sie sich mit Alten, Siechen oder kranken Kindern befassen sollten?

Solche Menschen haben Schwierigkeiten zu überwinden und könnten sich vielleicht bei anderer Arbeit eher wohl fühlen, wenn sie also nicht mit kranken Kindern oder in einem Pflegeheim zu tun hätten. Vielleicht könnten sie kirchliche Arbeit leisten oder eine andere, die sie nicht mit elenden Menschen zusammenbringt. Wenn Sie Zeit und Interesse dafür aufbringen, sich mit solchen Leuten zu befassen, können Sie vielleicht die Ursache ihres Widerstrebens erkennen, die in einem traumatischen Erlebnis der Vergangenheit liegen könnte und ihnen eine dauernde Angst vor Kranken und Siechen eingeflößt hat.

Länge und Qualität des Lebens scheinen sich unmittelbar auf die Befriedigung menschlicher Grundbedürfnisse zu beziehen: Sicherheit, Selbstachtung und ähnliches. Unter diesem Gesichtspunkt möchte ich gern von Ihnen hören, wie Sie über die erzwungene Pensionierung mit fünfundsechzig Jahren denken. Führt sie nicht unmittelbar zur Verschlechterung der körperlichen und geistigen Gesundheit?

Es gibt unzählige Menschen von weit über fünfundsechzig Jahren, denen es sehr viel besser ginge, wenn sie ihren gewohnten Lebensstil und die gewohnte Arbeit fortsetzen könnten. Ich bin nicht dafür, daß man allgemein zwangsweise pensioniert, wenn ich an die Bedürfnisse der Patienten denke. Doch da wir viele jüngere Leute mit Familie haben, die nur unter Schwierigkeiten Arbeit finden, geraten wir natürlich ohne die zwangsweise Pensionierung in neue Probleme, so daß ich annehme, man wird das Pensionsalter eher zurückverlegen als weiter hinausschieben. Wir sollten nach meiner Meinung die Leute in ihren dreißiger und vierziger Jahren lehren, sich auf einen sinnvollen Ruhestand vorzubereiten, damit er nicht mehr mit einem Rückgang der körperlichen und geistigen Gesundheit verbunden zu sein braucht. Wenn wir unser Leben so aufbauen, daß wir über eine genügende Breite von Interessen, Hobbys und inneren Quellen verfügen, wenn wir außerdem imstande sind, gefühlsmäßig, körperlich und finanziell auf eigenen Füßen zu stehen, dann braucht der Ruhestand nach meiner Meinung nicht mehr der Beginn rascher Verschlechterung zu sein. Jeder Mensch sollte irgendwelche Interessen und Neigungen entwickeln, die nicht von seiner Arbeit oder seinem Einkommen abhängen, so daß er sich ihnen im Ruhestand mit Freude weiter widmen kann.

Im Hinblick auf die Qualität des Lebens: Was halten Sie von der hervorragenden Pflege für Senile? Die Schwestern sind so stolz darauf, diese alten Leute am Leben zu erhalten.

Sie sollten es auch sein. Übrigens habe ich aber nur sehr selten hervorragende Pflegeheime gesehen. Auch ein seniler

Mensch hat Anspruch auf Würde und freundliche, liebevolle Fürsorge.

Welche Alternativen gibt es für chronische Kranke oder Alte – Altersheime, Krankenhäuser, Pflegeheime? Und welche dieser Einrichtungen halten Sie für besonders positiv?

Ich glaube, am besten wäre es, wenn die eigene Familie sich des Patienten annähme. Wenn sie aber nicht mehr imstande ist, ihre Eltern oder Großeltern zu versorgen, wären wohl ein Pflegeheim oder ein kleines Altersheim, die viel häusliche Atmosphäre bieten, am besten.

Was würden Sie einer sechsundachtzigjährigen Großmutter antworten, wenn sie erklärt: „Ich möchte sterben" oder „Ich möchte von der Brücke springen"? Sie ist in einer geschlossenen Pflegeanstalt.

Wenn ich mit sechsundachtzig Jahren auch in einer geschlossenen Pflegeabteilung wäre, würde ich ebenfalls von einer Brücke springen, falls ich die Energie dazu hätte. Hat irgend jemand einmal versucht, sie aus dem Gewahrsam zu befreien, sie in einen Rollstuhl zu setzen und durch den Garten zu fahren? Solche kleinen Dienste, die man alten Leuten leistet, machen ihr Leben zwar nicht erfreulich, aber doch erträglicher.

Wie hilft man einem älteren Vater oder einer Mutter, sich mit dem Tod eines Kindes in mittlerem Alter abzufinden?

Alle Eltern, die ein Kind verlieren, erleiden einen furchtbaren Verlust, und manchmal dauert es Jahre, bis man sich damit abfinden kann. Dabei ist es gleich, ob das Kind fünf oder fünfzig Jahre alt war – für die Eltern wird es immer ihr Kind bleiben. Besuchen Sie die Eltern auch weiter, lassen Sie sich erzählen und sich Bilder zeigen; finden Sie heraus, wie Sie am besten helfen können, denn die Not ist von Fall zu Fall verschieden.

Welche Folgerungen aus Ihrer Arbeit mit Sterbenden ziehen Sie für die Betreuung alter und alternder Menschen? Ist ein kollek-

tives oder gemeinschaftsgebundenes Leben die Antwort? Gemeinden alter Bürger – wäre das die beste Möglichkeit?

Ich schätze das Gemeinschaftsdasein und die Seniorenzentren für ausschließlich alte Leute gar nicht. In meinen Augen stellen sie eine unheilvolle Aussonderung alter Menschen dar, denen man nur einen Bruchteil dessen läßt, was wirklich zum Leben gehört. Nach meiner Meinung geht es alten Leuten viel besser, wenn mehrere Generationen in der Nähe sind, vor allem auch Kinder. Es wird immer alte Leute geben, die Kinder nicht ertragen können – aber sie werden sie auch in jungen Jahren nicht ertragen haben. Solche Menschen können natürlich in eine Umgebung ziehen, aus der Kinder ausgeschlossen werden, doch die meisten alten Menschen finden Zerstreuung und angenehme Erinnerungen, wenn sie Kinder lachen hören, die aus der Schule heimkommen, wenn sie sie im Park oder auf dem Spielplatz beobachten können; sie sprechen mit ihnen, und Kinder hören gern den Erzählungen alter Leute zu.

Was antwortet man einem Zweiundachtzigjährigen auf die Frage, ob er stirbt? Er lebt zu Hause, doch der Arzt wohnt auswärts. Der Patient sieht schwach und müde aus, zeigt aber keine wirklich bedenklichen Symptome.

Ich lasse ihn über das Gefühl sprechen, daß er sterbe, vielleicht hat er recht damit. Zweiundachtzigjährige wissen es meistens, wenn sie dem Tode nahe sind. Es erinnert mich an alte Eskimos, die eines Abends vom Essen aufstehen, jeden in der Runde noch einmal anblicken und langsam hinausgehen, um in der Nacht zu sterben. Menschen, vor allem alte Menschen, haben eine Ahnung, daß ihre Uhr abläuft, und dieses Gefühl trügt meistens nicht.

Haben Sie sehr alte Menschen in einem Pflegeheim interviewt, die sich von ihren Familien verlassen fühlten?

Ich habe mit zahllosen Leuten mittleren und hohen Alters in Pflegeheimen gesprochen, und viele von ihnen waren von der Familie im Stich gelassen und fühlten sich elend und einsam. Es sind gerade die Leute, die wir besuchen sollten, um ihnen doch das Gefühl zu vermitteln, daß noch jemand Anteil an ihnen nimmt.

Wie würden Sie die Bemerkung auffassen oder interpretieren: „Wenn ich zum Leben zu alt werde, gehe ich mit meinem Gewehr in den Wald."?

Dazu ist wohl nicht viel Interpretation nötig. Der Mann meint, daß er nicht alt, nicht zur Last werden und in einem Pflegeheim landen möchte, wo er, meistens von der Familie verlassen, ein sinnloses Dasein führen würde. Solche Menschen wollen imstande sein, den letzten Schritt selbst zu tun.

Humor und Angst, Glaube und Hoffnung

Was halten Sie von dem Humor, den man manchmal bei sterbenden Menschen antrifft? Ich meine damit keinen zynischen Humor, sondern eine Art und Weise, aus der eine gesunde Einstellung zum Leben und Freude am Lebendigsein spricht. Ich sehe in solchem Sinn für Humor ein gutes Zeichen und eine gute Methode, uns etwas zu lehren.

Ich habe mich immer am Humor sterbender Patienten erfreut, ich kann mit manchen von ihnen herzlich lachen. Sie haben einen unglaublichen Sinn für Humor, wenn für ihre unerledigten Dinge gesorgt wird – und wenn Sie selbst nicht mit Grabesmiene ins Zimmer treten und es nicht pervers finden, mit einem Sterbenden zu lachen. Menschen, die in ihrem Leben einen starken Sinn für Humor entwickelt haben, können ihn bis in das Sterben hinein bewahren.

Vor zwei Monaten sollte mein Mann an der Lunge operiert werden, wurde aber plötzlich sehr ängstlich. Ich fragte die Oberschwester morgens um 7.30 Uhr, eine halbe Stunde vor dem Eingriff: „Falls er nun dabei stirbt und keine Hilfe mehr möglich ist, darf ich dann für ein paar Minuten in den Operationssaal kommen?" Das lehnte sie ab. Um 7.35 Uhr stellte man eine Hepatitis bei meinem Mann fest – er wäre auf dem Operationstisch gestorben, und mein Instinkt hatte recht gehabt. Jetzt fürchtet er sich aber vor der Rückkehr, und die Familie schwankt, was das Richtige wäre. Was können wir tun?

Beraten Sie sich mit dem Hausarzt oder mit dem der behandelnden Ärzte, zu dem Sie das meiste Vertrauen haben und mit dem Sie am besten sprechen können; lassen Sie sich von ihm die verschiedenen Möglichkeiten sagen. Er wird sie dann Ihrem Mann unterbreiten können, und der Patient selbst ist es, der ja oder nein zu der Operation sagen muß.

Sie erklären, es sei allgemein bekannt, „daß wir im Unterbewußtsein davon überzeugt sind, wir selbst könnten unmöglich vom Tod betroffen werden. Unbewußt sträuben wir uns gegen die Vorstellung, daß unser Leben auf der Erde ein Ende haben könnte." Nun scheint Mutter Natur die lebendigen Geschöpfe ihren Bedürfnissen entsprechend auszustatten. Könnte es nicht vielleicht so sein, daß unserem Unterbewußtsein diese Vorstellung fehlt, weil es so etwas wie den Tod der Seele gar nicht gibt? Könnte hier nicht ein Hinweis auf das innerste Wissen des Menschen von der Wirklichkeit religiöser Wahrheiten über das Leben nach dem Tode vorliegen?

Es ist durchaus vorstellbar, daß die Seele oder der Geist fortlebt und uns der eigene Tod deshalb unvorstellbar erscheint.

Wenn Sie einen Menschen darauf vorbereiten, mit seinem Tod einverstanden zu sein, machen Sie dann (medizinisch gesprochen) den Tod nicht vielleicht gewisser, als er im Grunde ist? Vielleicht würde sich der Patient erholen, wenn er darum kämpfte. Wunder können geschehen.

O ja, es gibt Wunder, doch ich habe niemals das Wunder erlebt, daß ein Mensch imstande war, endgültig seinen Tod zu verhindern. Jeder von uns muß sterben, und je früher wir die Wirklichkeit unseres eigenen Todes hinnehmen, um so früher können wir beginnen, wahrhaft zu leben. Viele Patienten, die fähig waren, ihre Angst vor dem Tod zu überwinden, und die ihre eigene Endlichkeit annahmen, waren danach imstande, alle inneren Kräfte und Hilfsquellen zu mobilisieren und um ihre Genesung und ihre Heimkehr zu kämpfen.

Glauben Sie, daß Patienten den Tod als Katastrophe ansehen, weil er ihrer Kontrolle entzogen und ihrem Verständnis unerreichbar ist?

Für manche Menschen liegt tatsächlich der Schrecken darin, daß der Tod ihrer Kontrolle entzogen und ihrem Verständnis unerreichbar ist. Doch die eigentliche, unterdrückte und unbewußte Angst stammt aus der Vorstellung des Todes als einer katastrophal zerstörenden Gewalt, und das führt letztlich zurück auf unsere eigene potentielle Vernichtungsgewalt. Ich glaube, wenn wir mit unserer eigenen Destruktivität ins reine kämen, wären wir auch fähig, unsere Todesfurcht zu überwinden.

Eine Schwester stellte nach einem Interview mit einem sterbenden Patienten vor der gesamten Zuhörerschaft die Frage: „Für mich ist der Tod eine ganz persönliche Erfahrung. Ich habe vier gute Freunde verloren. Verletzt ein solches Interview nicht die menschliche Würde? Ich komme mir im Grunde wie in einem Zoo vor, in dem wir auf den sterbenden Menschen blicken, selbst, wenn wir daraus lernen sollen." Was meinen Sie dazu?

Wenn ich ein Interview mit Zuhörern durchführe, habe ich genau wie Sie gemischte Gefühle. Aber ich weiß, daß sich der Patient nicht zur Verfügung gestellt hätte, wenn er sich nicht irgendeinen Gewinn für sich selbst versprochen hätte. Alle unsere Patienten sind gefragt worden, ob sie freiwillig zu einem solchen Interview kommen würden, und die meisten haben zugestimmt. Ich glaube, ein Grund dafür, daß todkranke Patienten für diese Art von Dialog dankbar sind, liegt darin, daß er in eine Periode ihres Lebens fällt, wo sie sich für eine Last halten, wo sie nutzlos sind, „zu nichts mehr nütze". Wenn wir sie dann aber fragen, ob sie uns einen Dienst erweisen können, fühlen sie zum erstenmal nach Wochen oder Monaten, daß sie noch etwas beizutragen haben, wenn es auch nicht mehr ist, als ein Licht auf die Geheimnisse des Sterbens zu werfen und uns zu helfen, andere Patienten besser zu unterstützen. Aus diesem Grund setze ich die Interviews auch fort. Ich habe nicht den Eindruck, daß sie die menschliche Würde verletzen, und ich glaube, wenn Sie wüßten, wie vertraulich und wie freundlich und wie liebevoll manche dieser Interviews verlaufen, würde die Frage nach der Verletzung der Würde nicht aufkommen.

Was würden Sie antworten, wenn jemand sagt: „Falls Gott uns liebte, würde er uns nicht solche Schmerzen leiden lassen."?

Ich bin nicht dieser Meinung und fühle mich ganz sicher, wenn ich meine eigenen Ansichten über Gott und den Sinn des Leidens mit meinen Patienten bespreche, ohne zu versuchen, ihnen meine eigenen Wertsetzungen, meine eigene Philosophie oder religiösen Glaubensinhalte aufzuzwingen.

Sie sagten, wir müßten auf die besondere Hoffnung der Sterbenden bauen. Wie läßt sich das erfüllen, wenn die Grundlage solcher Hoffnung völlig unrealistisch erscheint?

Wenn ein todkranker Patient mit wenig Aussichten, länger als noch ein paar Monate am Leben zu bleiben, die Hoffnung ausspricht, noch viele Jahre leben zu können, dann ist das ein sehr, sehr realistischer Ausdruck seiner augenblicklichen Empfindungen. Ich scheue mich nicht, ihm zu antworten: „Wäre das nicht wunderbar?" Auf diese Weise drücke ich mein Verständnis für seine Wünsche aus und gebe ihm gleichzeitig zu verstehen, daß es sich vielleicht um einen unerfüllbaren Traum handelt. Wir teilen immer die Hoffnungen unserer sterbenden Patienten, wenn wir wirklich mit ihnen empfinden. Wenn eine junge Mutter, die sterben muß, meint: „Ich hoffe, daß dieses Forschungslaboratorium hart arbeitet, damit ich eines von diesen Wundermitteln bekomme und geheilt werde", dann weiß ich, daß die Aussichten auf Erfüllung ihrer Hoffnung äußerst gering sind, doch ich würde ihre Hoffnung ohne Scheu mit ihr teilen, weil auch ich möchte, daß sie auf ein neues Mittel ansprechen, geheilt werden und zu ihren Kindern heimkehren kann.

Erklären Sie bitte die Dimensionen der Hoffnung vom Standpunkt des Patienten aus, die ganz anders als die Hoffnung sein kann, die sich das Ärzteteam macht.

Es gibt zwei Arten von Hoffnung, die man auseinanderhalten muß. Zu Beginn einer tödlichen Erkrankung bezieht sich Hoffnung fast ausschließlich auf Heilung, Behandlung und Lebensverlängerung. Das gilt für alle, für den Patienten, die Familie, die Klinikangehörigen. Wenn aber diese drei Ziele nicht mehr wahrscheinlich sind – ich spreche nicht von „möglich", weil es immer Ausnahmen gibt –, dann wandelt sich die Hoffnung des Todkranken und richtet sich nicht mehr auf

Heilung, Behandlung und Verlängerung des Lebens. Seine Hoffnungen ziehen nur noch kurze Fristen in Betracht oder haben mit dem Leben nach dem Tode oder mit den Zurückbleibenden zu tun. So verdichtete sich die Hoffnung einer sterbenden jungen Mutter kurz vor ihrem Tod zu dem Wunsch: „Ich hoffe, daß meine Kinder es schaffen." Eine andere, gläubige Patientin sagte: „Ich hoffe, Gott wird mich in seinen Garten aufnehmen." Es ist unbedingt notwendig, daß wir auf den Patienten hören und seine Hoffnungen stärken und nicht unsere eigenen auf ihn übertragen, denn sonst können wir ihm nicht wirklich helfen.

Woher mag es kommen, daß ein bestimmter Patient niemals eine Phase des Zorns gekannt und niemals nach dem Warum gefragt hat? Liegt der Grund vielleicht in seinem Glauben?

Ja, ein Patient mit starkem Glauben stellt vielleicht nie die Frage, warum ihm das zustoßen mußte. Wenn er wirklich die Phase der Zustimmung erreicht hat, bevor er todkrank geworden ist, macht er niemals die Phase der Auflehnung durch.

Was halten Sie davon, daß man zu einem sterbenden Patienten sagt: „Vielleicht ist es Gottes Wille?"

Ich mag diese Antwort nicht. Sie sagt sich zu leicht und hilft nichts, führt im Gegenteil oft zum Zorn gegen Gott oder den Seelsorger.

Fällt es den Menschen, die keinen Begriff von Unsterblichkeit kennen, schwerer, die einzelnen Phasen zu bewältigen?

Nicht unbedingt. Es spielt keine Rolle, ob Ihr religiöser Glaube auch den Glauben an die Unsterblichkeit einschließt. Wer auch immer man ist, welche religiösen Überzeugungen man haben mag – wichtig ist nur, daß sie echt und wahr sind. Wir haben sehr wenig Leute kennengelernt, die nicht an irgendeine Form von Unsterblichkeit glaubten. Manche erkennen sie in ihrem hinterlassenen Werk, andere sehen sich in ihren Kindern weiterleben, wieder andere glauben an eine Auferstehung oder an ein wirkliches Leben nach dem Tode.

Haben Sie je mit einem Atheisten zu tun gehabt, und wie hat er oder sie den Tod hingenommen?

Wir haben nur vier echte, überzeugte Atheisten betreut, sie sind in überraschendem Frieden und in Zustimmung gestorben, nicht anders als gläubige Menschen.

Wie geht man mit einem sterbenden Patienten um, der keine religiöse Überzeugung hat oder sie jedenfalls leugnet? Wie bietet man ihm Trost und/oder einen Sinn?

Es gibt viele Möglichkeiten, Sterbenden Trost zu gewähren, und das sollte nicht von seiner religiösen Überzeugung abhängen. Trost bedeutet, daß Sie bei ihm sind, ihm körperliche Linderung verschaffen, seine Schmerzen mildern, seinen Rücken abreiben, ihn umdrehen, falls er sich nicht mehr bewegen kann, seine Hand halten, auf seine Bedürfnisse achten. Auf diese Weise können Sie Patienten helfen, ob sie nun gläubig sind oder nicht. Echter Glaube und wirkliche Liebe zeigen sich oft besser in Taten als in Worten.

Die Forschung bringt uns wertvolle Erfahrungen, aber sie kommt nicht an das Erlebnis des Sterbens selbst heran. Wie kann ein Angehöriger der Heil- und Pflegeberufe zu einem wirklichen Verständnis gelangen?

Niemand kennt die Wahrheit wirklich. Wir können uns ihr nur nähern. Ich glaube, wir können uns mit unseren sterbenden Patienten identifizieren und einen Zipfel der Wahrheit fassen – was aber nicht heißt, daß wir tatsächlich die volle Bedeutung begreifen. Aber besser, wir fragen und versuchen Antworten zu finden, als daß wir wegsehen und so den Sterbenden wie das Erforschen der ganzen Problematik aufgeben.

Welche Art von Hoffnung äußern Patienten, die bereits in der Phase der Zustimmung angelangt sind?

Die Hoffnungen beziehen sich meistens auf die zurückbleibenden Angehörigen. Die Patienten hoffen, auf der Erde etwas von ihrer Persönlichkeit zurückzulassen, hoffen, daß sie ihre Kinder zu ausreichender Selbständigkeit erzogen haben, so daß sie auf eigenen Füßen stehen können, hoffen, daß Gott sie in seinen Garten aufnimmt. Viele Patienten sprechen als letzten Wunsch aus: „Ich hoffe, daß ich meine Würde bewahren kann" oder: „Ich hoffe, daß Gott dieses Leiden bald beenden wird." Es ist wichtig, daß Sie die Hoffnung der Patienten stärken und nicht Ihre eigenen Hoffnungen – die sich meistens auf Heilung, Behandlung und Lebensverlängerung beziehen – in die Kranken projizieren.

Am Sonntag sprach ich mit einer heimgekehrten Missionarin und erzählte ihr, daß ich an einem Seminar über Tod und Sterben teilnehmen wollte. Sie fragte sofort, ob Sie „Christ" seien, und führte dann aus, daß nur eines wichtig sei, nämlich das Wissen, daß der Patient „bereit" sei und seinen „Herrn" kenne. Ich wußte, was sie meint, aber ich hatte dabei nur das Bild vor Augen, wie jemand in alle Krankenzimmer rennt und die Patienten fragt, ob sie zum Sterben bereit seien. Wie kann man diesen sehr frommen Menschen beikommen, damit sie einsehen, daß es mehr Aspekte des Sterbens gibt als ihren eigenen?

Ich würde solche Menschen nicht als wirklich fromm bezeichnen, denn als echte, gute Christen würden sie jeden Menschen als „deinen Nächsten" ansehen und ihn nicht als gut oder schlecht beurteilen, je nachdem, ob er ein Christ ist oder nicht.

Haben Sie die Erfahrung gemacht, daß tief religiöse Menschen den Tod leichter hinnehmen als die meisten anderen?

Ja, wenn sie wahrhaft fromm sind und ihren Glauben verinnerlicht haben.

Sind Sie der Meinung, daß tiefer Gottesglaube – der christliche oder der einer anderen Religion – dazu hilft, sich mit dem Tod abzufinden? Ist es für manche Leute verhängnisvoll, wenn ein solcher Glaube an die Stelle medizinischer Behandlung tritt?

Ich nehme an, daß Sie sich hier auf die Anhänger der *Christian Science* beziehen. Wir kennen viele Fälle, in denen Patienten annahmen, der Glaube allein könne sie körperlich gesund machen, so daß sie zu spät medizinische Hilfe suchten. Nach meiner Meinung sollten Medizin und Glaube zusammenarbeiten und einander nicht ausschließen dürfen.

Haben Sie bei Ihrer Arbeit mit sterbenden Patienten einen Unterschied in der Art und Weise festgestellt, wie der sterbende Christ und der sterbende Nicht-Christ den Tod hinnehmen?

Wir haben sehr viel mehr mit christlichen als mit nichtchristlichen Patienten gearbeitet, doch der entscheidende Unterschied liegt nicht in dem, was man glaubt, sondern in der Echtheit und Tiefe des Glaubens. Menschen, die an Wiedergeburt glauben, Menschen aus östlichen Kulturkreisen und Religionen, haben oft den Tod mit unglaublichem Frieden und sogar in jungen Jahren mit Gleichmut hingenommen, während viele unserer christlichen Patienten sich nur unter Qualen mit dem Tod abfinden konnten. Nur die wenigen wahrhaften, echten Frommen haben dem Tod in großem Frieden und Gleichmut zugestimmt; doch wir haben in unserer Beratungsarbeit nur sehr selten mit solchen Menschen zu tun gehabt, weil wir meistens zu denen gerufen werden, die Schwierigkeiten überwinden müssen. Ich möchte sagen, daß etwa 95 Prozent der Patienten, die wir beobachtet haben, irgendwie religiös waren, aber keineswegs glaubhaft und überzeugend. Diese Patienten machen sich dann noch zusätzliche Sorgen über Strafe nach dem Tod oder haben Schuldgefühle wegen verpaßter Gelegenheiten.

Können Sie aus Ihrer Erfahrung heraus sagen, daß eine tiefe, beständige Beziehung zu Gott den Tod sinnvoll und „leichter" – ich bitte das Wort zu entschuldigen – zu ertragen macht?

Wahrhaft gläubige Menschen mit einer tiefen und beständigen Beziehung zu Gott haben es sehr viel leichter gehabt, dem Tod gelassen entgegenzugehen. Da sie aber kaum unsere Hilfe brauchen, sind wir ihnen nur selten begegnet.

Wird ein Mensch mit dem unerschütterten Glauben seiner Religion (etwa dem katholischen Glauben an ein besseres Leben im Himmel) auch die Phasen des Sterbens durchmachen?

Ja, auch fromme Menschen durchleben dieselben Phasen des Sterbens, wenn auch meist schneller und ruhiger.

Wie hilft nach Ihrer Erfahrung das Gebet den Patienten und ihren Familien, sich mit dem Tod abzufinden?

Ich glaube an die Hilfe des Gebets, wenn ein Patient oder seine Familie darum bittet. Wenn Sie es nicht ganz sicher wissen, gehen Sie einfach zu dem Sterbenden ins Zimmer und fragen ihn, ob er ein Gebet hören möchte. Bejaht er es, dann tun Sie den nächsten Schritt – beten Sie, aber ohne Gebetbuch. Hören Sie auf Ihr eigenes Herz und Ihre eigene Seele, sprechen Sie spontan, lesen Sie aber keinen vorbereiteten Text. So ein spontanes, aufrichtiges, von einem liebevollen Menschen gesprochenes Gebet kann oft besser helfen als ein Beruhigungsmittel.

Persönliche Fragen

Viele meiner Studenten wollten wissen, wie ein Mensch so viel Zeit mit der Betreuung „hoffnungsloser Patienten" verbringen kann und was uns die Kraft und Überzeugung gibt, solche „traurige Arbeit" lange Zeit hindurch zu leisten. Ein paar Antworten auf einige dieser Fragen lassen vielleicht erkennen, woher unsere Kraft kommt und wie wir mit dem Problem fertig werden, das aus einer allzu starken, bis zur Schädigung des eigenen Wohlbefindens getriebenen inneren Beteiligung entsteht.
Ich muß betonen, daß ich mich nicht nur mit unheilbaren Kranken befasse, daß ich ein Haus, eine Familie, einen Garten zu betreuen habe und nicht der Meinung bin, irgend jemand sollte ausschließlich mit sterbenden Patienten fünf Tage der Woche oder neun Stunden am Tag arbeiten. Diese Tätigkeit ist außerordentlich anstrengend und emotional erschöpfend. Jeder von uns muß eigene Möglichkeiten zum „Aufladen der Batterie" entdecken, bevor er allzusehr erschöpft und nicht mehr imstande ist, aus eigenen inneren Quellen weiterzugeben.

Wie bewahren Sie Ihr seelisches Gleichgewicht, ohne sich überbeansprucht oder niedergeschlagen zu fühlen von einer Tätigkeit, die so total dem Bereich des Sterbens zugeordnet ist? Für mich ist das eine sehr reale Frage, und ich wäre dankbar, wenn Sie über diesen Punkt sprechen würden – ich meine darüber, wie man zwar mitfühlt, sich aber nicht zu sehr identifiziert oder sich überwältigen läßt.

Für mich ist die Arbeit mit Sterbenden sehr lohnend. Wenn sie auch manchmal traurig ist, so finde ich sie doch nicht deprimierend. Aber es ist wichtig, zu betonen, daß ich nicht ausschließlich damit beschäftigt bin. Ich habe auch mit anderen Patienten zu tun, die nicht unheilbar krank sind, mit psychiatrischen und anderen Fällen. Ich sehe, wie sich Patienten wieder erholen, wie anderen noch eine Chance zum Weiterleben gegeben ist. Wenn man mit den Familien leukämischer Kinder arbeitet, erlebt man Remissionen, sieht, wie die Kinder in die Vorschule und schließlich in die Grundschule kommen. Man erlebt die Freude der Kinder, die wider Erwarten die höhere Schule absolviert haben, und man sieht junge Mädchen, die fähig sind, sich zu verlieben und jeden Tag bewußt zu erleben. Man nimmt also nicht nur an den Tiefpunkten der Familie teil, sondern ist auch in ihre glücklichen Stunden einbezogen. Wer mit sterbenden Patienten arbeitet, entwickelt eine sinnvolle Beziehung zu den Angehörigen der Kranken. Viele Witwen und Witwer suchen noch Monate und Jahre nach dem Tod ihres Partners Verbindung zu mir, berichten von einer geplanten Eheschließung oder einer Konfirmation in der Familie. Den emotionalen Ausgleich finde ich natürlich auch in meiner eigenen glücklichen Familie, bei einem verständnisvollen Ehemann, zwei gesunden Kindern, in meinem Heim, in einem Garten, in dem ich arbeiten kann; für mein seelisches Gleichgewicht sorgt auch der Urlaub, den ich regelmäßig nehme, Kletterpartien in den Bergen der Schweiz und Alaskas, wo ich dann meine Arbeit und meine Patienten für ein paar Wochen im Jahr vergessen kann.

Sind Ihre Ansichten durch Religion oder eine ganz besondere Philosophie bestimmt?

Ich glaube nicht, daß ich durch die Religion zu dieser Tätigkeit kam, denn als ich die Beschäftigung mit sterbenden Patienten aufnahm, hätte man mich sicherlich nicht als religiös bezeichnet. Die vieljährige Arbeit mit Sterbenden hat mich der Religion näher gebracht als je zuvor. Sie ist auch zu einer Philosophie des Lebens geworden, und ich habe sie zweifellos von meinen unheilbar kranken Patienten gelernt.

Was bedeutet für Sie das Einverständnis mit dem eigenen Tod?

Es bedeutet für mich, daß ich zu sterben bereit bin, wann immer die Zeit gekommen ist; daß ich mindestens versuchen will, jeden Tag so zu leben, als sei er mein letzter, und – was ich wohl kaum zu sagen brauche – daß ich noch auf viele Tage wie den heutigen hoffe.

Bei wie vielen Patienten waren Sie im Augenblick ihres Todes anwesend? Und was haben Sie dann gesagt oder getan?

Ich bin nicht bei vielen Patienten im Augenblick ihres Todes gewesen, denn meine Tätigkeit fällt meistens in die Zeit vorher, und ich weiß, daß meine Kranken so gut betreut werden, wie es nur menschenmöglich ist. Wenn ich im Augenblick des Todes dabeisein durfte, habe ich wohl nie etwas gesagt. Man sitzt einfach da und hält die Hand der Sterbenden, und wenn Angehörige anwesend sind, muß man deren Hände oft noch fester fassen.

Was ist nach all Ihren Forschungen über den Tod Ihre persönliche Überzeugung von dem, was nach dem Tod geschieht?

Bevor ich die Arbeit mit sterbenden Patienten aufnahm, glaubte ich nicht an ein Leben nach dem Tode. Jetzt glaube ich an ein Leben nach dem Tode, und zwar ohne den Schatten eines Zweifels.

Wie richten Sie es ein, um die Menschen zur richtigen Zeit aufsuchen zu können und trotzdem Zeit für die Familie zu behalten?

Das kann man nur, wenn die Zahl der Patienten nicht zu groß ist. Wenn ich mehr als etwa zehn todkranke, dem Sterben nahe Patienten habe, gerate ich an einen Punkt, wo ich nicht bei ihnen sein kann, wenn sie mich brauchen. Deshalb muß ein gutes interdisziplinäres Team von Leuten mitarbeiten, die dann zur Verfügung stehen, wenn ich selbst es nicht kann. Ich muß manchmal zu Hause sein, ich versuche, das Essen für die Familie zu kochen; oft muß ich in die Schule oder meine Tocher zu den Pfadfinderinnen, meinen Sohn zu irgendwelchen Veranstaltungen der Schule bringen. Die Familie braucht mich, und ihre Bedürfnisse gehen allen anderen vor. Doch ich habe Schwestern, Seelsorger, Sozialarbeiter und Ärzte, die für mich einspringen, wenn ich nicht selbst kommen kann. Ich versuche aber, Tag und Nacht erreichbar zu sein, und meine Patienten haben meine private Telefonnummer. Die Familie wird durch die Anrufe sehr belastet, doch sie hat gelernt, darin einen Teil des Lebens zu sehen und vielleicht auch ihren eigenen Beitrag zu meiner Arbeit.

Wie werden Sie persönlich mit dem immer wiederholten Verlust von so vielen Patienten fertig?

Ich habe so viele und schöne und manchmal einzigartige Erlebnisse mit meinen sterbenden Patienten. Wir bewältigen miteinander die Phasen und erreichen miteinander die Phase der Zustimmung. Wenn ein Patient stirbt, habe ich oft das gute Gefühl, daß er nun von seinen Leiden befreit und im Frieden ist. Ich glaube, mein Bestes gegeben zu haben, als er noch lebte. Dann aber muß ich imstande sein, mich davon zu lösen, mich aus der Beziehung zu befreien und meine Kraft anderen Patienten zuzuwenden. Ich glaube, die eigentliche Kunst liegt darin, zwar innerlich beteiligt zu sein, aber nicht zu tief, so daß man fähig bleibt, „den nächsten Gang einzuschalten". Wenn ein Patient stirbt, bin ich traurig, aber nicht deprimiert.

Möchten Sie uns bitte sagen, was Sie im Hinblick auf Ihren eigenen Tod empfinden? Was bedeutet der Tod für Sie?

Frieden!

Wie lange hat es gedauert, bis die Phase der Zustimmung und jener Einstellung, jeden Tag zu nehmen, wie er kommt, ein Teil Ihrer eigenen Lebenshaltung und der Ihrer Familie wurde?

Ich glaube, so etwas dauert Jahre. Ich bin in der Schweiz aufgewachsen, in einer Gesellschaft, in der man den Tod weit weniger verleugnet, so daß ich einen kleinen Vorsprung mitbrachte. Die Arbeit mit sterbenden Patienten läßt nach und nach die eigene Todesfurcht verschwinden, und unbewußt wird man den sterbenden Patienten in ihrer letzten Phase des Einverständnisses ähnlicher. Wann das genau der Fall ist, kann man kaum sagen, doch ich bin sicher, daß ich es erst nach Jahren der Arbeit mit Sterbenden erreichte.

Möchten Sie weinen, wenn Sie bei einem sterbenden Patienten sind, weinen Sie tatsächlich, oder wie reagieren Sie?

Ich habe viele Tränen mit vielen meiner sterbenden Patienten geweint und schäme mich deshalb nicht, halte es auch nicht für „unärztlich".

Wie hat diese Arbeit mit sterbenden Menschen Sie beeinflußt?

Sie hat mein Leben sehr viel sinnvoller, viel reicher gemacht.

Wie können Sie – falls Sie es überhaupt tun – Ihre eigene Gefühlswelt in der Beziehung zu sterbenden Patienten schützen?

Ich wage es, mein Gefühl einzusetzen. Das bewahrt mich davor, die Hälfte meiner Kraft an das Verbergen meiner Gefühle zu wenden.

Können Sie auf diesem Hintergrund Ihrer Erfahrungen sagen, daß Sie bereit sind, Ihren eigenen Tod hinzunehmen?

Ja.

Wie werden Sie mit dem Verlust von Patienten fertig, denen Sie nahegekommen sind?

Man sagt ihnen Adieu in dem Bewußtsein, daß es das letzte Adieu ist, so wie man es ja auch lernt, auf dem Bahnhof oder auf dem Flugplatz Lebewohl zu Menschen zu sagen, die sehr weit fortreisen und von denen man nicht weiß, ob man sie vielleicht erst nach langer Zeit oder überhaupt nicht wiedersehen wird.

Als ich zuerst von meiner unheilbaren Krankheit erfuhr, wurde mir klar, daß mir meine Zukunft genommen worden war. Hätten Sie ähnliche Empfindungen?

Ich bin sicher, daß die meisten meiner Patienten, als sie erfuhren, daß sie an einer unheilbaren Krankheit litten, Qual und Ängste durchmachten und sich um ihre Zukunft gebracht sahen. Das ist eine völlig normale Reaktion, und sie hält nicht lange an. Dann beginnen sie sich auf das Jetzt und Hier zu konzentrieren und leben jeden Tag voller, bewußter, tiefer, intensiver, weil ihnen nicht mehr viel an Zukunft übrigbleibt. Noch vor einigen Jahren hätte auch ich mit Angst reagiert.

Haben Sie im tiefsten Herzen das Gefühl, unsterblich zu sein?

Ich glaube, daß unser Körper stirbt, aber unsere Seele unsterblich ist.

Wie wird Ihr Programm finanziell gesichert? Sind Sie in jedem Fall dafür, daß die Patienten für diese Betreuung bei Tod und Sterben nicht zu zahlen haben?

Meine Programme werden nicht irgendwie finanziert. Wir haben niemals einem Todkranken oder seiner Familie eine Rechnung stellt, gleichgültig, wie ihre finanzielle Situation war. Ich halte Kurse und Vorträge in den Vereinigten Staaten, Kanada und Europa und bekomme dafür Honorare, so daß ich in der Lage bin, alle meine Patienten ohne Honorar zu betreuen. Ich habe niemals Geld oder ein anderes Entgelt aus anderen Quellen bekommen. Nach meiner Ansicht ist die Arbeit mit unheilbar Kranken ein Dienst, den man mit dem des Seelsorgers vergleichen kann. Ich kann einem sterbenden Patienten keine Rechnung aufbürden, nicht nur deshalb, weil unheilbare, lange Krankheit in den Vereinigten Staaten unverhältnismäßig hohe Kosten verursacht, sondern weil es sich um einen humanitären Dienst handelt, der nicht mit Geld bezahlt werden sollte. Ich glaube, daß diejenigen, die dieser Tätigkeit einen Teil ihrer Arbeitszeit widmen, andere Erwerbsquellen für sich und ihre Familien finden müssen. Obwohl ich nicht will, daß mein Mann meine Arbeit subventioniert, habe ich natürlich einen gewissen Vorteil dadurch, daß ich als Ehefrau nicht für den Unterhalt der Familie aufkommen muß.

Wie würden Sie es Ihren Kindern mitteilen, wenn Sie eine tödliche Krankheit hätten und wahrscheinlich bald sterben müßten?

Ich würde jeden für sich zu mir holen und ihm sagen, daß ich eine todbringende Krankheit habe. Dann würde ich auf ihre Fragen hören und sie offen, aufrichtig, ehrlich beantworten.

Da wir nicht alle „privilegiert" sind, an einer tödlichen Krankheit zu sterben, und so unsere Familie auf unseren Tod vorbereiten können, sollten wir unsere Kinder so erziehen, daß sie auf den jederzeit möglichen Tod innerhalb der Familie vorbereitet sind. Wir sollten jeden Tag so erleben, als sei es der letzte, und jeden Augenblick genießen, den wir zusammen verbringen. Zusammen mit dem Gefühl, wirklich erfüllt gelebt zu haben, sind Erinnerungen die einzigen wahren Geschenke, die wir unseren Kindern hinterlassen können.

Sachregister

Alkohol 58, 60
Alter 137 ff.
Amputation 34, 51, 104
Angst 14, 21, 47, 104, 106 ff., 150
Autopsie 68

Beerdigung 14, 98 ff.
Beruhigungsmittel 46
Besuchszeiten 119, 133
Blindheit 23

Depression 30 ff., 50, 59 ff.
Drogen 58, 60, 62

Euthanasie 49, 75 ff. (siehe auch Gnadentod)

Gebet 156
Gefühle (eigene) 18, 28, 37, 101 ff., 157 ff.
Glaube 148 ff.
Gnadentod 59 ff., 75 ff.
Gruppentherapie 91, 126

Herzpatienten 18 f., 20, 63 f., 73, 109
Hoffnung 37 ff., 151 ff.
Humor 148

Kinder 15, 16 f., 64, 67 f., 71, 142, 145 f.
Koma 49 ff., 51, 81
Kommunikation 12 ff., 43 ff., 127 ff.

Krebs 14, 22, 24f., 38, 56, 76, 103, 133

Lähmung 34f., 84, 104, 134
Lazarus-Syndrom 22
Lebensverlängerung 31, 41, 61, 75ff.
Lebenswille 41, 58

Musik 47

Parkinson'sche Krankheit 50
Pensionierung 144
Phasen des Sterbens 22–42, 63, 72f., 94f., 101f. (siehe auch Angst, Depression, Hoffnung, Zorn, Zustimmung), vgl. Interviews mit Sterbenden, S. 41–134.
Plötzlicher Tod 63ff.
Psychisch Kranke 34, 59ff.

Religion 109, 149, 158

Schlaganfall 51, 53
Schuldgefühle 19, 73f., 93f.

Seelsorger 32, 69, 111, 119f., 134f., 143
Selbstmord 55ff., 118, 141f.
Sinn des Todes 38f. (siehe auch Glaube, Religion)
Symbolische Sprache 23f., 43ff., 52ff.

Teil-Tod 34f.
Todesahnung 70f., 146
Todesursache 95f.
Trauer 96f.

Unfalltod 65f., 68f., 71f., 104

Weinen 28, 66, 72, 95, 103f., 161
Wiederbelebung 70, 77, 117
Wunder 26, 149

Zerebralsklerose 48
Zorn 18, 20, 27ff., 34, 40f., 50, 72, 103, 105, 152
Zustimmung 31f., 34f., 37ff., 80f., 86, 104–110, 134f., 158f.

„Ein leidenschaftlicher Appell, das Sterben wieder menschlicher zu gestalten" – so urteilte die Presse über das erste Buch von Frau Dr. Elisabeth Kübler-Ross:

Interviews mit Sterbenden

Aus dem Amerikanischen übersetzt von Ulla Leippe
8. Auflage (36.–42. Tausend), 231 Seiten, kt. DM 15,80

„Dieses von einer Kollegin verfaßte Buch ist das Ergebnis einer zweijährigen Befragung Schwer- und Todkranker. Jeder Arzt sollte es gelesen haben! Es hält nicht nur jedem von uns einen Spiegel vor, indem es uns ‚herausfordert', unsere eigenen Gedanken über Sterben und Tod zu konkretisieren und zu formulieren. Es zwingt uns geradezu die Erkenntnis auf, daß wir alle nur gar zu schnell bereit sind, über den modernen Errungenschaften der Medizin das Eigentliche zu vergessen: den Menschen in all seiner Qual, seinen Ängsten und seinem Recht auf Würde. Darüber hinaus aber ist dieses Buch jedem, der es aufmerksam liest, eine große Hilfe im Umgang mit schwerkranken und sterbenden Patienten. Wer von uns braucht eine solche Hilfe nicht?"
Frau Dr. Barbara Meister in „Niedersächsisches Ärzteblatt", Hannover

„Dieses Buch ist geradezu ein Lehrbuch für Seelsorger, Ärzte, Schwestern und alle, die mit Kranken und Sterbenden zu tun haben, die Angehörigen mit eingeschlossen. Vielleicht könnte es ein wenig dazu beitragen, in der heutigen perfekten, aber oft seelenlosen Medizin den Menschen wieder als Menschen zu sehen, der mehr erwartet als nur medizinische und korrekte pflegerische Behandlung."
Wort und Tat, Kassel

Demnächst erscheint von Elisabeth Kübler-Ross in der Reihe „Maßstäbe des Menschlichen" ein Band über das Thema „Kinder und der Tod".

Kreuz Verlag Stuttgart · Berlin

Hans Jürgen Schultz (Herausgeber)

Psychologie für Nichtpsychologen

ca. 440 Seiten, kt. glanzfolienkaschiert DM 28,–

Psychologische Literatur gibt es in Hülle und Fülle. Was fehlt ist eine allgemeinverständliche und ausgewogene Einführung in das Gebiet der Psychologie und insbesondere der Tiefenpsychologie. Diese Lücke auf dem Büchermarkt wird mit dem vorliegenden Werk, das auf eine ungewöhnlich erfolgreiche Sendereihe des Süddeutschen Rundfunks zurückgeht, geschlossen. Die 40 Beiträge wurden von namhaften Autoren aus Deutschland, der Schweiz und den USA geschrieben. Es sind u. a.:

Erich Fromm:
Einführung

Helmut Bach:
Aggression

Fritz Riemann:
Angst

René A. Spitz:
Beziehung

Hermann Argelander:
Charakter

Clemens de Boor:
Depression

Hildegund Fischle-Carl:
Deutung

Ulrich Ehebald:
Identifizierung

Margarete Mitscherlich-Nielsen:
Konflikt

Gerhard Mauch:
Kriminalität

Werner Corell:
Lernen

Peter Kutter:
Neurose

Hans Dieckmann:
Phantasie

Tobias Brocher:
Sexualität

Elisabeth Kübler-Ross:
Tod

Joachim Scharfenberg:
Symbol

Alexander Mitscherlich:
Übertragung

Adolf Friedemann:
Freud-Porträt

Helmut Barz:
Jung-Porträt

Kreuz Verlag Stuttgart · Berlin